LE CONSTITUTIONNEL,

Chansonnier Français,

Dédié

Par MM. DOIGT et Benjamin LAROCHE,

A M. de Béranger.

PREMIÈRE ANNÉE.

C'est l'amour et la liberté
Qui font aimer la vie.
(Page 143.)

PARIS,

CHEZ GONDELIER, ÉDITEUR,

PASSAGE DU CAIRE, N°. 100.

1820.

LE
CONSTITUTIONNEL.

Tout exemplaire non revêtu
de notre signature, sera réputé
contrefait.

AVANT-PROPOS.

Depuis trente ans tout a changé
en France, habitudes, principes,
préjugés, caractère national ; tout
a subi des modifications amenées par
le nouvel ordre de choses né de la
révolution. La littérature, on le sait,
n'a pas été étrangère à ce grand changement.

La chanson qui n'avait célébré que
le vin et les belles, se transforma en
hymnes patriotiques, et de nouveaux
Tyrtées conduisirent à la gloire de
nouveaux Spartiates.

Sous le gouvernement impérial, la
chanson revint, pour ainsi dire, à
ses premières habitudes ; le vin et les
belles furent célébrés de nouveau ;

mais la Charte vint ouvrir à la France
la carrière de la liberté véritable,
et la chanson reprit son langage fier
et libre.

Parmi les voix généreuses qui
s'élevèrent dans des tems orageux
pour chanter nos exploits, la nation distingua avec orgueil celle de
M. BÉRANGER.

Honneur à ce poëte patriote !

Admirateurs de son talent, nous
n'avons pas la prétention d'être ses
émules, mais, l'égalant en patrio-
tisme, nous avons glané dans le
champ où moissonna sa muse héroïque.

Le recueil que nous offrons au
Public, sous le titre du Constitu-
tionnel, est le premier qui ait été
publié depuis 20 ans, sous des aus-

pices aussi français ; il paraîtra
chaque année et s'enrichira des
productions que MM. les auteurs
voudront bien nous adresser. Avec
ce secours, nous ne désespérons pas
de le rendre digne un jour des
regards de la patrie.

LE

CONSTITUTIONNEL,

CHANSONNIER FRANÇAIS.

HOMMAGE A M. DE BÉRANGER.

Air : *Comme on fait son lit on se couche.*

CHANTRE des guerriers généreux
Trahis au sein de la victoire,
Toi qui de leurs débris fameux
Fus le défenseur et la gloire,
Jète sur nos premiers essais
Le regard de la bienveillance,
Moins poètes que bons Français,
Nous comptons sur ton indulgence. (*bis.*)

Fier de marcher au premier rang,
En dépit d'une ligue altière,
Dans ses foyers le vétéran
Sourit à ta muse guerrière.

Ses yeux d'un plus heureux destin
Ont vu luire enfin l'espérance ,
Et son cœur bat à ce refrain :
« Honneur aux enfans de la France ! (1)

Du Texas les bords protecteurs
De tes fiers accens retentissent ,
Et des héros agriculteurs
Les nobles enfans t'applaudissent.
Dans l'art de rimer nos succès
Fais toujours briller ton génie.
Des braves chanter les hauts faits
C'est mériter de la patrie. (*bis.*)

DOIGT.

---

(1) Voyez, page 58.

CHANSON D'OUVERTURE.

Air : *A boire, à boire, à boire.*

Silence, silence, silence !
De Momus le règne commence ;
Lois, Monarques, disparaissez,
La chanson règne et c'est assez.

Air : *Peuple français, la politique.*

Pour foudroyer le ridicule,

Amis, dans nos joyeux refrains,
 De la férule
 Armons nos mains.

Rians enfans de Polymnie,
Quel beau champ s'ouvre devant vous !
Des sots la phalange impunie
Va s'offrir en foule à vos coups.
Du monde la scène comique,
La France et son mouvant tableau
Vont de notre muse critique
Egayer le joyeux pinceau.

Pour foudroyer le ridicule, etc.

Air : *Vivandière du régiment.*

Parmi les sujets de nos chants ,
  N'oublions pas la gloire ;
Chantons de nos fiers Vétérans
  La belliqueuse histoire ;
Chantons nos ennemis fuyant,
Ran plan , plan plan plan plan plan plan,
Chantons nos ennemis fuyant,
  Ran plan tambour battant.

Air : *C'est le roi Dagobert.*

De Mars j'entends la voix
R'ouvrant les querelles des rois.
France ! couvre-toi de ton bouclier,
Et rira bien qui rira le dernier ,
  Peuples ; embrassez-vous ,
  Et demeurons chacun chez nous.

Air : *Quand on est mort c'est pour long-tems.*

Quand je m'amuse et quand je boi ,
  Chanter , rire ,
  C'est mon délire ,
Tout homme qui fait comme moi,
  Par ma foi
Est plus heureux qu'un roi.

Le bon Homère
Dit qu'un vin vieux
Grisait aux cieux
Le maître de la terre.
De son tonnerre
Souvent on vit
Le bruit du verre
Faire taire le bruit.

Marotte en main
Le dieu malin,
Du vieux Vulcain ,
Qui se fâche et qui gronde ,
Fait voir à nud
Le front cornu ,
Puis à la ronde
La marotte a couru.

Quand je m'amuse et quand je boi, etc.

Air : *En France il faut que tout chante.*

Amis , barbouillons de lie
Ces visages surannés ,
Qui n'ont été de leur vie
De Champagne enluminés.

Puis disons à l'anachorette :
    L'ami , touchez-là
        Larira.

    Egayez , papa ;
    Ce visage-là ,
        Farira ,
        Farira ,
        Farirette.
Chantez , la chanson larirette
        Vous déridera
            Larira.

Air : *Ma mie , ô vous que j'adore.*

Frappons de notre marotte
Cet insolent protecteur ,
Hier encor dans la crotte ,
Et tranchant du grand seigneur.
Sur l'Adonis qui s'adore
Et fait friser sa titus ,
Frappons , frappons encore
Et puis n'en parlons plus.

A mes yeux je vois paraître
Damis riant d'un air fat.
Damis n'est qu'un petit maître
Et se croit homme d'état.

Sur ce ministre qu'implore
Le cercle heureux des ventrus,
Frappons, frappons encore
Et puis n'en parlons plus.

Sur ce journaliste à gage
Dont l'esprit tourne à tout vent,
Sur Damon qui se croit sage
Parce qu'il est impuissant,
Sur l'abbé qui rien n'ignore
Si ce n'est ses *oremus*,
Frappons, frappons encore
Et puis n'en parlons plus.

Air : *Ne croyez pas me faire peur.*

Qu'aux dépens de tous, sans façon,
Notre muse
S'amuse.
A l'intrigant, au vil fripon,
Faut-il épargner la leçon ?
Non.

Amis, frappons;
De leurs noms
En riant habillons
Un joyeux vaudeville.

2

Ces jeux piquans
De tout tems
De mille auteurs charmans
Ont égayé la bile.
Qu'aux dépens de tous , sans façon , etc.

Frappons , amis ,
Ce marquis
Qui de pays conquis
Ose traiter la France ,
Et démasquons
Ces gascons
Dont les airs fanfarons
Font toute la vaillance.
Qu'aux dépens de tous sans façon , etc.

Pour foudroyer le ridicule ,
Amis , dans nos joyeux refrains ,
De la férule
Armons nos mains.

BENJAMIN LAROCHE.

LA POLITIQUE (1).

Air *de la bonne Vieille.*

O mes amis ! quel censeur léthargique
Vient de nos cœurs troubler l'heureux accord,
Et des couplets chassant la politique,
De nos chanteurs veut enchaîner l'essor ?
Laissons gronder une muse en délire,
Toi, que j'ai vu sourire à mes chansons,
O mon pays ! je t'ai voué ma lyre ;
Puisse ta gloire en protéger les sons ♭

Honneur au preux !... honte éternelle au lâche !
Tel est le cri d'un citoyen français !
D'un citoyen accomplissons la tâche ;
Ne laissons pas dormir le crime en paix,
Vous le savez, le ridicule en France
Dans tous les cœurs laisse un long souvenir :
Du ridicule employons la puissance
Pour effrayer les lâches à venir.

---

(1) En réponse à une chanson de M. *Désaugiers.*

Aux oppresseurs de la terre asservie
Montrons Momus armé d'un fouet cinglant ;
Par un couplet instruisons la patrie
Des attentats d'un ministre insolent.
Veut-on fletrir les palmes immortelles
De nos guerriers grandis dans le malheur,
O mes amis ! dans nos refrains fidèles,
Ah ! consolons la gloire et la valeur.

Dans nos remparts , lorsqu'un parti coupable
De l'étranger servira la fureur,
Que de ces lieux la muse inexorable
Du nom du traître arme un refrain vengeur.
Quand des tyrans avides de vengeance
Par leurs forfaits feront pâlir le jour,
Par un couplet nous vengerons la France,
Et les tyrans pâliront à leur tour.

Plus d'une fois , de vingt projets sinistres
Une chanson a détourné l'effet ;
Chansonnons donc, chansonnons les ministres,
Et n'épargnons pas même le préfet.
Tel réglement , telle ordonnance sage ,
Assez souvent fut l'œuvre d'un flonflon.
Qui de nos preux enflamme le courage ?
C'est la chanson , amis, c'est la chanson.

A nos regards , lorsque la tyrannie
De ses drapeaux déployait l'appareil ,
L'hymne de gloire , entraînant la patrie ,
D'un peuple libre a sonné le réveil.
C'est eu chantant la charge et la victoire
Que de l'Europe on conjurait l'effort ;
C'est en chantant qu'on marchait à la gloire ,
C'est en chantant qu'on recevait la mort.

BENJAMIN LAROCHE.

LES DEVOIRS D'UN FRANÇAIS.

Air : *Vent brûlant d'Arabie.*

Voler à la défense
De son noble pays,
Signaler sa vaillance
Contre ses ennemis,
En loyal militaire
Ne le trahir jamais,
Voilà, pendant la guerre,
Les devoirs d'un Français. (*bis.*)

Dans un péril extrême
Marcher d'un pas égal,
N'avoir d'autre système
Que le bien général.
Au malheur, en silence,
Prodiguer ses bienfaits,
Voilà, dans l'opulence,
Les devoirs d'un Français. (*bis.*)

A celle dont les charmes
Ont su fixer son cœur,
Rendre aussitôt les armes,
L'aimer avec ardeur,
Se montrer digne d'elle,
Respecter ses attraits,
Voilà, près d'une belle,
Les devoirs d'un Français. (*bis.*)

DOIGT.

LA LIBERTÉ

DU NOUVEAU MONDE.

Air de la Colonne, ou *du Champ d'asile.*

Des proscrits phalange immortelle
Hâtez-vous de franchir les mers ;
Le Nouveau Monde vous appelle
Pour l'aider à briser ses fers.
Des combats la palme féconde
S'offre à votre bras indompté ;
Vieux soldats de la liberté,
Brisez les fers du Nouveau Monde.

Long-tems, sur leur brûlant rivage ,
On vit, dans un lâche sommeil ,
Sous les pavôts de l'esclavage
S'endormir les fils du soleil.
Du sein de cette nuît profonde
Un cri part , au loin répété :
» Armons-nous pour la liberté !
» Brisons les fers du Nouveau Monde.»

Un autre avenir se prépare.
Américains infortunés ,
Aux pieds d'un despote barbare
Serez-vous toujours prosternés ?
Dieu vous voit , le ciel vous seconde ;
Relevez-vous avec fierté ,
Et , soldats de la liberté ,
Brisez les fers du Nouveau Monde.

En vain de vos maîtres avides
Contre vous la fureur mugit ;
Voyez ces Français intrépides
Que la liberté vous conduit ;
Leurs bras sur la terre et sur l'onde
Trente ans au monde ont résisté.
Vieux soldats de la liberté ,
Brisez les fers du Nouveau Monde.

Par eux la gloire de nos armes
Vola dans cent climats lointains ;
Mais un jour la patrie en larmes
Vit pâlir ses nobles destins.
Leur troupe erre au loin vagabonde...
Pour prix de l'hospitalité ,
Vieux soldats de la liberté ,
Brisez les fers du Nouveau Monde.

L'avenir qui ne pourra croire
Sur la foi des simples récits,
Tant de malheur et tant de gloire,
Dira, « Voilà donc ces proscrits !...
» Tandis qu'on exilait sur l'onde
» L'honneur et l'intrépidité,
» Ces soldats de la liberté
» Brisaient les fers du Nouveau Monde. »

BENJAMIN LAROCHE.

LA VIVANDIÈRE.

Air : *Demain matin, au point du jour,*
on bat la générale.

Vivandière du régiment,
  C'est Catin qu'on me nomme;
Je vends, je donne et bois gaîment
  Mon vin et mon rogome;
J'ai le pied leste et l'œil mutin,
Tintin, tintin, tintin, r'lintintin,
J'ai le pied leste et l'œil mutin,
  Soldats, voilà Catin.

Je fus chère à tous nos héros;
Hélas! combien j'en pleure!
Aussi, soldats et généraux
  Me comblaient à toute heure
D'amour, de gloire et de butin,
Tintin, tintin, tintin, r'lintintin,
D'amour, de gloire et de butin,
  Soldats, voilà Catin.

J'ai pris part à tous vos exploits
  En vous versant à boire,
Songez combien j'ai fait de fois
  Rafraîchir la victoire ;
Ça grossissait son bulletin,
Tintin, tintin, tintin, r'lintintin ;
Ça grossissait son bulletin,
  Soldats, voilà Catin.

Depuis les Alpes je vous sers ;
  Je me mis jeune en route ;
A quatorze ans, dans les déserts,
  Je vous portais la goutte.
Puis j'entrai dans Vienne un matin,
Tintin, tintin, tintin, r'lintintin ;
Puis j'entrai dans Vienne un matin,
  Soldats, voilà Catin.

De mon commerce et des amours
  C'était le tems prospère ;
A Rome je passai huit jours,
  Et de notre Saint-Père
Je débauchai le sacristain,
Tintin, tintin, tintin, r'lintintin ;
Je débauchai le sacristain,
  Soldats, voilà Catin.

J'ai fait plus que maint Duc et Pair
   Pour mon pays que j'aime;
A Madrid si j'ai vendu cher,
   Et cher à Moscou même,
J'ai donné *gratis* à Pantin,
Tintin, tintin, tintin, r'lintintin,
J'ai donné *gratis* à Pantin,
   Soldats, voilà Catin.

Quand au nombre il fallut céder
   La victoire infidelle,
Que n'avais-je pour vous guider
   Ce qu'avait *la Pucelle*.
L'Anglais aurait fui sans butin,
Tintin, tintin, tintin, r'lintintin,
L'Anglais aurait fui sans butin,
   Soldats, voilà Catin.

Si je vois de nos vieux guerriers
   Pâlis par la souffrance,
Qui n'ont plus, malgré leurs lauriers,
De quoi boire à la France,
Je refleuris encor leur teint,
Tintin, tintin, tintin, r'lintintin,
Je refleuris encor leur teint,
   Soldats, voilà Catin.

Mais nos ennemis gorgés d'or,
  Paieront encor à boire,
Oui, pour nous doit briller encor
  Le jour de la victoire.
J'en serai le réveil-matin,
Tintin, tintin, tintin, r'lintintin,
J'en serai le réveil-matin,
  Soldats, voilà Catin.

P. J. DE BÉRANGER.

COMME ON FAIT SON LIT

ON SE COUCHE.

Air : *Vaud. de la Robe et les Bottes.*

J'aime mieux cette solitude
Que l'éclat pompeux de la Cour,
Exempt d'ennui, d'inquiétude,
J'attends gaîment mon dernier jour.
Fidèle aux lois qu'honneur impose,
Vingt ans j'ai servi mon pays,
Maintenant en paix je repose
Sur les lauriers que j'ai cueillis.   (*ter.*)

DOIGT.

T'EN SOUVIENS-TU ?

ou

LES SOUVENIRS D'UN VÉTÉRAN.

Air *Muse des bois.*

Deux vétérans, blanchis par les années,
Vaillans débris échappés au canon,
Levant au ciel leurs mains infortunées,
Près des autels imploraient un Dieu bon.
Te souviens-tu, dit l'un d'eux à son frère,
Que pour nos droits nous avons combattu?
La liberté vint nous armer naguère.
Je m'en souviens, et toi t'en souviens-tu ?

Quand les tyrans nous apportaient des chaînes,
Et contre nous déployaient leurs drapeaux,
Fleurus, tu vis dans tes sanglantes plaines
De la patrie accourir les héros.
La liberté, dans les rangs de nos braves
Vint prendre place, et l'ennemi vaincu
Au fond du Nord remporta ses entraves.
Je m'en souviens, et toi t'en souviens-tu ?

Te souviens-tu de ces quatorze armées
Qui, tout-à-coup, hérissant nos sillons,
Des nations à nous perdre animées
Ont repoussé les mille bataillons ?
De notre sang quand l'Europe abreuvée
Criait : «Français... tremblez, tout est perdu !
Par des Français la France fut sauvée...
Je m'en souviens, et toi t'en souviens-tu ?

Te souviens-tu de la gloire éclatante
Dont, sur le Rhin, Moreau s'est vu couvrir ?
De sa retraite illustre et triomphante
Ce fleuve encor garde le souvenir.
En combattant le sol de ses ancêtres
Moreau depuis d'un jour a trop vécu ;
Mais l'Eternel punit toujours les traîtres...
Je m'en souviens, et toi t'en souviens-tu ?

Te souviens-tu que nos preux intrépides
Ont affranchi l'Italie en vainqueurs ?
Te souviens-tu qu'au haut des pyramides
La liberté fit flotter ses couleurs ?
La liberté nous armait d'un saint zèle,
Sous ses drapeaux douze ans j'ai combattu,
Et n'ai jamais combattu que pour elle.
Je m'en souviens, et toi t'en souviens-tu ?

Plus d'un état nous dut sa délivrance
Au seul aspect de nos saints étendarts,
Ce cri chéri, ce cri: Vive la France!
Autour de nous vola de toutes parts.
Des nations nous étanchions les larmes,
Et nos drapeaux à peine avaient paru,
Partout les fers tombaient au bruit des armes.
Je m'en souviens, et toi t'en souviens-tu?

Te souviens-tu que la France captive,
Courba son front sous un joug de laurier?
Les yeux en pleurs, la liberté plaintive
Quitta nos bords à l'aspect d'un guerrier.
Le guerrier tombe, et le monde respire,
Et le Français enfin s'est souvenu
Que des abus il abjura l'empire.
Je m'en souviens, et toi t'en souviens-tu?

BENJAMIN LAROCHE.

LES DEUX JUMELLES.

ROMANCE.

Air à faire.

En Provence, deux sœurs jumelles,
Belles comme l'astre du jour,
Aimaient deux braves qui pour elles
Brûlaient du plus constant amour.

Mais bientôt on reprend les armes,
Et partent ces jeunes guerriers;
La gloire pour eux a des charmes;
Ils vont moissonner des lauriers.

Modèles d'un mâle courage,
De triompher ils sont jaloux;
Mais, hélas! au printems de l'âge
La mort les frappe de ses coups.

Les pleurs, le désespoir remplacent
Les doux souvenirs de bonheur;
Les deux jumelles s'entrelacent
Et soudain… meurent de douleur.

Sur la tombe qui les rassemble
Sont ces mots faits pour attendrir:
« Ces deux sœurs naquirent ensemble:
» Las! ensemble on les vit mourir. »

DOIGT.

MON HABIT.

Air du vaudeville de Décence.

Sois-moi fidèle, ô pauvre habit que j'aime ,
   Ensemble nous devenons vieux ;
Depuis dix ans je te brosse moi-même
   Et Socrate n'eût pas fait mieux.
Quand le sort à ta mince étoffe
   Livrerait de nouveaux combats ,
Imite-moi, résiste en philosophe;
Mon vieil ami, ne nous séparons pas.

Je me souviens , car j'ai bonne mémoire ,
   Du premier jour où je te mis ;
C'était ma fête, et , pour comble de gloire ,
   Tu fus chanté par mes amis.
Ton indigence qui m'honore
   Ne m'a point banni de leurs bras ;
Tous ils sont prêts à te fêter encore ;
Mon vieil ami, ne nous séparons pas.

A ton revers j'admire une reprise;
  C'est encore un doux souvenir.
Feignant, un soir, de fuir la tendre Lise,
  Je sens sa main me retenir.
  On te déchire, et cet outrage
  Auprès d'elle enchaîna mes pas.
Lisette a mis deux jours à tant d'ouvrage...
Mon vieil ami, ne nous séparons pas.

T'ai-je imprégné des flots de musc et d'ambre?
  Qu'un fat exale en se mirant?
M'a-t-on jamais vu dans une antichambre
  T'exposer au mépris d'un grand?
  Pour des rubans la France entière
  Fut en proie à de longs débats;
La fleur des champs brille à ta boutonnière;
Mon vieil ami, ne nous séparons pas.

Ne crains plus tant ces jours de courses vaines,
  Où notre destin fut pareil,
Ces jours mêlés de plaisirs et de peines,
  Mêlés de pluie et de soleil.
  Je dois bientôt, il me le semble,
  Mettre pour jamais habit bas.
Attends un peu, nous finirons ensemble,
Mon vieil ami, ne nous séparons pas.

P. J. BÉRANGER.

LE VIEUX PATRIOTE.

Air: *Vive la Lithographie.*

Je préfère ma retraite
Au toît d'un riche palais;
Ici, rien ne m'inquiète;
Libre, je repose en paix.
Entre Bacchus et l'Amour,
Je me berce tour-à-tour.
Il ne manque, en vérité,
Rien à ma félicité.
J'ai pour titres de noblesse
Mes services et ma croix,
Mes blessures pour richesse,
Témoin ma jambe de bois.
Je tiens à la liberté,
Sans elle, adieu ma gaîté.
Mes principes sont connus;
Je combats le moindre abus.
Je méprise qui s'écarte
Du noble sentier des loix,
Et qui défend bien la charte,
A mon estime a des droits.

Je ne me reproche rien.
Pauvre, je fais quelque bien.
De plus, jamais je n'écris
Qu'en faveur de mon pays.
Bravant d'un Missionnaire,
Le ridicule nouveau
Je lis et relis Voltaire,
Je lis et relis Rousseau.
Un jour, comme moi soldat,
Mon fils servira l'état.
L'espiègle en tout, j'en réponds,
Suivra mes doctes leçons.
Des vertus de mes ancêtres
Héritier propagateur,
Comme eux il maudit les traîtres
Et le dénonciateur.

DOIGT.

APRÈS MOI LE DÉLUGE.

Air *du Pas redoublé.*
ou : *du Curé de Pompone.*

Ce monde est un tableau mouvant
    Où par fois tout m'ennuie ;
Mes yeux se détournent souvent
    Du tableau de la vie.
O toi qui fais tout mon bonheur,
    Tes bras sont mon refuge ;
Quand mon cœur sent battre ton cœur..
    Après moi le déluge.

A jeun, dans l'ame j'ai du noir;
    Mon humeur est chagrine ;
J'ai du souci sans le savoir;
    Je fais maussade mine.
Mais sitôt, morbleu! que j'ai bu,
    Aujourd'hui qu'on en juge,
Peines , chagrins ont disparu...
    Après moi le déluge.

La comète présage aux rois
  L'éternelle justice ;
Avec d'autres yeux, moi, je vois
  L'astre aux buveurs propice.
Quand les humains à demi-morts
  Redoutent le grand juge,
Moi, je bois gaîment et m'endors...
  Après moi le déluge.

Damon, ce mortel qu'enrichit
  La publique misère,
Par jour, à l'hôpital réduit
  Une famille entière.
D'un œil sec contemplant le sort
  Des malheureux qu'il gruge,
Damon dit, en comptant son or :
  « Après moi le déluge ! »

Enfin de son oncle, un beau jour,
  L'heureux Arcas hérite,
Et le jeu, la table, l'amour
  Se l'arrachent bien vîte.
Je lui dis : « Vous irez à fond
  » Tout autant que j'en juge ! »
Arcas, en riant, me répond :
  « Après moi le déluge. »

Une Excellence , à son profit,
  Exploite notre France;
Sur ses parens, trésors , crédit
  Pleuvent en abondance.
En vain la nation gémit
  De tout l'or qu'il s'adjuge ;
Monseigneur s'en moque et lui dit :
  « Après moi le déluge ! »

A l'amant de la Pompadour
  Blanchi dans l'indolence,
Un courtisan disait un jour :
  « Je tremble pour la France !
Que dites-vous ? reprend le Roi;
  » Mieux que vous je préjuge ;
» Ça vivra bien autant que moi....
  » Après moi le déluge ! »

Amis, modestes sont mes vœux ;
  De peu je me contente ;
Il ne me faut pour être heureux,
  Qu'un million de rente ;
Une femme pleine d'attraits ,
  Du bonheur sans grabuge ,
Cent ans de vie... et puis... après...
  Après moi le déluge.

BENJAMIN LAROCHE.

4

LA DOUBLE GIROUETTE.

Air : *Je loge au quatrième étage.*

Mon cœur est à plus d'une belle,
Mon bras est au premier venu ;
Je me ris d'un amant fidèle ;
Je plains un brave méconnu; (*bis.*)
Les sermens que je fais et prête
Je les trahis le lendemain.
Il vaut mieux être girouette
Que mourir d'amour et de faim. (*bis.*

Bien tendrement je dis à Claire :
« Toi seule a mon cœur et ma foi ; »
Aussitôt qu'on parle de guerre,
Je jure de servir mon roi. (*bis.*)
Mais si je vois la jeune Adèle,
Soudain je sens battre mon cœur,
Et si mon souverain chancèle,
Vîte je change de couleur. (*bis.*)

A tous les plaisirs de ce monde
Je préfère le changement,
Je cours de la brune à la blonde,
Et je sers tout gouvernement. (*bis.*)
Pour mes armes, une fois Comte,
Je choisis un gros papillon,
Et, pour cause, je veux qu'il monte
Sur le dos d'un caméléon. (*bis.*)

DOIGT.

LE VIEUX TAMBOUR.

Air : *Soldat, voilà Catin.*

Des grenadiers ancien tambour,
La Grenade on me nomme ;
J'ai quarante ans fêté l'amour,
La gloire et le rogome ;
Amant léger, buveur constant,
Ran plan plan plan plan plan plan plan plan,
Amant léger, buveur constant,
Ran plan, tambour battant.

Je naquis au milieu des camps.
  Mes yeux à peine encore
S'ouvraient faibles et languissans,
  Que, par son bruit sonore,
Le tambour frappa mon tympan.
  Ran plan, etc.

A quatorze ans, de nos guerriers
  Je partageais la gloire ;
Je battais à nos grenadiers
  La charge et la victoire,
Et j'ai mené l'Anglais souvent
  Ran plan, etc.

Au logement quand je trouvais
  Beauté douce et mignonne,
Au pas redoublé je menais
  Le cœur de la friponne;
Puis nous terminions le roman,
  Ran plan, etc.

Un certain jour, je m'en souviens,
  Tambour d'la république,
Je rencontrai les Autrichiens
  Ravageant la Belgique;
Fleurus en vit le châtiment.
  Ran plan, etc.

L'Egypte m'a vu , dans les rangs
  De nos preux intrépides ,
Réveiller par mes roulemens
  L'écho des pyramides,
Et faire fuir le Musulman.
  Ran plan, etc.

A Strasbourg je passai le Rhin ;
  Vienne m'ouvrit ses portes;
L'an suivant, j'entrai dans Berlin
  Précédant nos cohortes ;
Et mon tambour allait ronflant.
  Ran plan, etc.

Quand l'Anglais , vomissant sur nous
  Les foudres de Bellonne ,
Nous cria: « Français, rendez-vous ! »
  Je dis après Cambronne :
« Un Français jamais ne se rend! »
  Ran plan, etc.

Après moi, je veux qu'à son tour
  Mon fils serve la France.
En lui remettant mon tambour,
  Je lui dirai d'avance :
« Des tambours sois le plus vaillant. »
Ran plan, etc.

Bats au drapeau, quand sonnera
L'heure de la victoire,
La charge contre les *ultrà*
Qu'attriste notre gloire ;
Le réveil à l'Indépendant.
Ran plan, etc.

Bats le rappel aux exilés
Que la France regrette ;
La générale aux députés,
Aux ministr's la retraite,
Pour la liberté bats au champ.
Ran plan, etc.

BENJAMIN LAROCHE.

LES

EFFETS DE L'INCONSTANCE.

ROMANCE.

Air *d'Aurélius.*

Oui, je te fuis, trop ingrate maitresse ;
Assez long-tems j'ai vécu sous tes lois ;
Un autre objet digne de ma tendresse
Par ses vertus a su fixer mon choix. *(bis.)*
Dans ma douleur que tes torts ont fait naître
Je romps les nœuds qui m'attachaient à toi ;
Non tu n'es pas ce que tu veux paraître :
Je te reprends et mon cœur et ma foi. *(bis.)*

N'oppose plus à ma double victoire
De tes attraits le magique pouvoir,
A t'oublier je mets toute ma gloire ;
De me fixer bannis le vain espoir. *(bis.)*

Si le souci me fait rêver encore
Au doux penchant qui m'entraîna vers toi,
Dès que le jour à mes yeux se colore ,
Je te reprends et mon cœur et ma foi. (*bis.*)

Dans l'art de feindre où brille ta science,
Distingue-toi par des succès nouveaux ,
Libre à mon tour, avec indifférence ,
Je t'abandonne à mes nombreux rivaux. (*bis.*)
Fier d'être aimé d'une beauté fidelle ,
Sans être ému, j'entends parler de toi ;
Tout à l'amour, je ne vis que pour elle ;
Je te reprends et mon cœur et ma foi. (*bis.*)

DOIGT.

LA MUSE FRANÇAISE

AU TOMBEAU DE NOS BRAVES.

Air : *Ce magistrat irréprochable.*

Qu'un autre, en ses hymnes profanes,
Se couvrant d'un voile pieux,
Du brave avilisse les mânes,
Et flétrisse nos demi-dieux;
Des vieux soutiens de notre gloire
Que nos pleurs mouillent le cercueil,
Et, sur les fils de la victoire,
Français, chantons l'hymne du deuil.(*bis.*)

Au trépas si le sort les livre,
France!... garde leur souvenir;
C'est pour toi qu'on les a vus vivre,
C'est pour toi qu'on les vit mourir.
Des vieux soutiens, etc.

Lorsqu'une ligue menaçante,
Conspirait la perte des Francs,
France, ta liberté naissante
Grandit, à l'abri de leurs rangs.
Des vieux soutiens, etc.

Champs de Fleurus et de Jemmape,
Ces héros, vous les avez vus!....
A l'étranger la France échappe,
Et les tyrans sont confondus....
Des vieux soutiens , etc.

Egypte, leurs rangs intrépides
A tes champs ont donné des loix ;
Les vieux échos des pyramides
Au monde ont redit leurs exploits.
Des vieux soutiens , etc.

En vain l'Anglais de ses entraves
Menaça leur bras invaincu.
La mort!... ont répondu les braves ,
Et les braves avaient vécu.
Des vieux soutiens , etc.

BENJAMIN LAROCHE.

L'EXILÉ.

ROMANCE.

Air : *Ermite, bon ermite.*

A d'aimables compagnes
Une jeune beauté
Disait : dans nos campagnes
Règne l'humanité.
Un étranger s'avance
Qui, parmi nous errant,
Redemande la France
Qu'il chante en soupirant.
D'une terre chérie
C'est un fils désolé.
Rendons une patrie
   Une patrie
   Au pauvre Exilé.

Près d'un ruisseau rapide
Vers la France entraîné,
Il s'assied, l'œil humide
Et le front incliné.

Dans les champs qu'il regrette
Il sait qu'en peu de jours
Ces flots que rien n'arrête
Vont promener leur cours.
D'une terre chérie
C'est un fils désolé.
Rendons une patrie
    Une patrie
  Au pauvre Exilé.

Quand sa mère, peut-être,
Implorant son retour,
Tombe aux genoux d'un maître
Que touche son amour;
Trahi par la victoire,
Ce proscrit, dans nos bois,
Inquiet de sa gloire,
Fuit le courroux des Rois.
D'une terre chérie
C'est un fils désolé.
Rendons une patrie
    Une patrie
  Au pauvre Exilé.

De rivage en rivage
Que sert de le bannir ?
Partout de son courage
Il trouve un souvenir.

Sur nos bords, par la guerre,
Tant de fois envahis,
Son sang même a naguère
Coulé pour son pays.
D'une terre chérie
C'est un fils désolé.
Rendons une patrie
  Une patrie
Au pauvre Exilé.

Dans nos destins contraires,
On dit qu'en ses foyers,
Il recueillit nos frères
Vaincus et prisonniers.
De ces tems de conquêtes
Rappelons-lui le cours.
Qu'il trouve ici des fêtes
Et surtout des amours.
D'une terre chérie
C'est un fils désolé.
Rendons une patrie
  Une patrie
Au pauvre Exilé.

Si notre accueil le touche,
Si, par nous abrité,
Il s'endort sur la couche
De l'hospitalité ;

Que par nos voix légères
Ce Français réveillé,
Sous le toît de ses pères
Croie avoir sommeillé.
D'une terre chérie
C'est un fils désolé.
Rendons une patrie
Une patrie
Au pauvre Exilé.

P. J. DE BÉRANGER.

PAS D'ARGENT,

PAS DE SUISSE.

Air *du Pas redoublé*.

Dans les tems, aux treize cantons,
Un Roi d'humeur guerrière,
Demandait quelques bataillons
Pour commencer la guerre.
Nos soldats, dit le président,
Sont à votre service,
Mais payez-les exactement ;
Pas d'argent, pas de Suisse.

Le ministre, à la fin du mois,
M'accorde une audience,
Et je vais obtenir, je crois,
Un emploi d'importance.
Pour avoir quelques protecteurs
J'ai fait maint sacrifice ;
Car on vous dit là comme ailleurs ;
Pas d'argent, pas de Suisse.

Près d'un an, j'ai brûlé d'amour
Pour la coquette Hortense ;
Elle me payait de retour,
Du moins en apparence.
Las de n'être heureux qu'à demi,
Je me plains en novice ;
Elle me répond : mon ami :
Pas d'argent, pas de Suisse.

Si je gagne quelques procès,
Faut-il qu'on s'en étonne ?
Je ne dois ces heureux succès
Qu'aux écus que je donne.
Mon avocat, homme érudit,
Me fait rendre justice ;
Mais tous les huit jours il me dit :
« Pas d'argent, pas de Suisse. »

— Vous ne me refuserez pas
  Adèle en mariage.
— C'est que vous avez, en ce cas,
  Une dot en partage.
  S'il en est ainsi, je veux bien
  Qu'à vous elle s'unisse.
— Mais, au contraire, je n'ai rien.
— Pas d'argent, pas de Suisse.

Depuis six mois, le pauvre André
Pleurait sa chère femme,
Et n'était pas très-rassuré
Sur le sort de son ame.
A son curé, gratuitement,
Il demande un service;
On lui répond dévotement:
Pas d'argent, pas de Suisse.

Auteur, fais ton dernier couplet,
Me dit une voix rauque.
Cesse de traiter un sujet
Qui me semble baroque.
J'obéis, car sur ma chanson,
Tel est mon bénéfice,
Que je ne ferais rien de bon.
Pas d'argent, pas de Suisse.

DOIGT.

MARIE STUART,

A SON DÉPART DE FRANCE.

ROMANCE.

Air à faire.

Adieu , charmant pays de France ,
Le plus fortuné des séjours ;
Riante terre des amours ,
Terre qui nourris mon enfance,
Je te dis adieu pour toujours !
Adieu , France, adieu, mes beaux jours.

Adieu , France , terre invincible ,
Séjour par la gloire habité ,
Où la riante volupté
Entrelace au casque terrible
Les myrtes heureux des amours
Adieu , France , adieu , mes beaux jours.

Je ne verrai plus ce rivage
Où l'aimable et gai troubadour
Aime la nuit , chante le jour
L'amour , la gloire et le courage.
Adieu donc , terre des amours !
Adieu , France , adieu mes beaux jours.

Français , je vous quitte avec peine :
De mon cœur gardez la moitié ; (*)
Je la fie à votre amitié ,
Pour que de l'autre il vous souvienne.
Adieu donc , terre des amours !... .
Adieu , France , adieu mes beaux jours.

(*) J'ai voulu reproduire l'original. Voici les vers de Marie Stuart.

Adieu , plaisant pays de France ;
O ma patrie ,
La plus chérie ,
Qui as nourri ma jeune enfance ,
Adieu , France , adieu mes beaux jours.
La nef qui déjoint nos amours
N'a eu de moi que la moitié ,
Garde toujours l'une , elle est tienne ;
Je la fie à ton amitié
Pour que de l'autre il te souvienne.

Adieu , France , terre chérie !
La nef qui déjoint nos amours
A toi m'enlève pour toujours .
Tu fus ma seconde patrie ;
Ah! sois mes dernières amours ,
Adieu , France, adieu mes beaux jours.

BENJAMIN LAROCHE.

ENCOR CE BAISER-LA,

ou

LES SIX BAISERS.

Air *du Dieu des bonnes gens.*

Long-tems , Zulma , sur ton sein qui palpite
Je m'endormis bercé par les amours ;
Ces jours heureux , hélas ! coulent trop vite ;
Et rien ne peut en suspendre le cours.
Sans s'arrêter , ma Zulma , le tems vole.
Sur mon chevet bientôt la mort viendra.
Qu'en attendant, notre bouche lui vole
  Encor ce baiser-là. *(bis.)*

Te souviens-tu que j'obtins de ton ame
Le premier trouble et le premier aveu ?
Ce doux aveu dont tu payas ma flamme ,
Tu l'appuyas par cent baisers de feu.
Mon cœur en vain gémit et se désole ,
Ces nœuds si doux , la mort les brisera ...
Qu'en attendant, notre bouche lui vole
    Encor ce baiser-là. (*bis.*)

Combien de fois, ô ma jeune maitresse ,
De ces instans si charmans et si courts ,
Dans ma brûlante et chimérique ivresse ,
J'ai cru pouvoir éterniser le cours.
Mais le bonheur n'est qu'un rêve frivole
Que le réveil trop tôt dissipera ...
Qu'en attendant, notre bouche lui vole
    Encor ce baiser-là. (*bis.*)

On ne peut pas , dit-on, aimer sans cesse ,
Comme les fleurs l'amour a sa saison ;
A l'âge heureux succède la vieillesse .
L'amour fait place à la froide raison.
Que notre cœur d'avance se console
Des coups que l'âge un jour nous portera ,
Qu'en attendant, notre bouche lui vole
    Encor ce baiser-là. (*bis.*)

De la beauté la couronne brillante
Doit quelque jour se faner sur ton front ;
Sur cette joue, aujourd'hui si riante,
Un jour, Zulma, les rides s'étendront.
Que nous importe, où poussé par Éole,
Notre navire un jour abordera....
Qu'en attendant, notre bouche lui vole
      Encor ce baiser-là. (*bis.*)

De l'Eternel quand la main foudroyante
Me frappera ... modère ta douleur.
Que, réchauffé par ta main caressante,
Mon cœur mourant sente battre ton cœur...
Entre tes bras que mon ame s'envole
Aux bords lointains où Dieu la jugera....
Qu'en attendant, notre bouche lui vole
      Encor ce baiser-là. (*bis.*)

BENJAMIN LAROCHE.

LES

ENFANS DE LA FRANCE.

Air *du vaudeville de Turenne.*
ou *de la Colonne.*

Reine du monde, ô France, ô ma patrie !
Soulève enfin ton front cicatrisé ;
Sans qu'à tes yeux leur gloire en soit flétrie,
De tes enfans l'étendard s'est brisé.
Quand la fortune outrageait leur vaillance,
Quand de tes mains tombait ton sceptre d'or,
   Tes ennemis disaient encor :
« Honneur aux enfans de la France ! » (*bis.*)

De tes grandeurs tu sus te faire absoudre,
France, et ton nom triomphe des revers !
Tu peux tomber, mais c'est comme la foudre
Qui se relève et gronde au haut des airs.
Le Rhin, aux bords ravis à ta puissance,
Porte à regret le tribut de ses eaux.
   Il crie au fond de ses roseaux :
« Honneur aux enfans de la France ! » (*bis.*)

Pour effacer des coursiers du barbare
Les pas empreints dans tes champs profanés,
Jamais le ciel te fut-il moins avare ?
D'épis nombreux vois ces champs couronnés.
D'un vol fameux prompts à venger l'offense,
Vois les beaux-arts, consolant leurs autels,
   Y graver en traits immortels :
« Honneur aux enfans de la France ! » (*bis.*)

Prête l'oreille aux accens de l'histoire,
Quel peuple ancien devant toi n'a tremblé ?
Quel nouveau peuple, envieux de ta gloire,
Ne fut cent fois de ta gloire accablé ?
En vain l'Anglais a mis dans la balance
L'or que pour vaincre ont mendié les Rois,
   Des siècles entends-tu la voix ?
« Honneur aux enfans de la France ! » (*bis.*)

Dieu qui punit le tyran et l'esclave,
Veut te voir libre et libre pour toujours.
Que tes plaisirs ne soient plus une entrave,
La liberté doit sourire aux amours.
Prends son flambeau, laisse dormir sa lance;
Instruis le monde, et cent peuples divers
   Chanteront en brisant leurs fers :
« Honneur aux enfans de la France ! » (*bis.*)

Relève-toi, France, reine du monde !
Tu vas cueillir les lauriers les plus beaux.
Oui, d'âge en âge, une palme féconde
Doit de tes fils protéger les tombeaux.
Que, près du mien, telle est mon espérance,
Pour la patrie admirant mon amour,
Le voyageur répète un jour :
« Honneur aux enfans de la France ! » (*bis.*)

P. J. DE BÉRANGER.

L'IMAGINATION.

ROMANCE.

Air *des Cinq sens.*

Déesse inconstante et volage,
Brillante imagination,
Qui donnes des plaisirs au sage
Et de fleurs ornes la raison,
Déesse, reçois mon hommage !
Combien d'heureux jours je te dois !
Prête tes accens à ma voix.
Et tes couleurs à mon langage.

Pour toi la rose se colore
Et l'arbre se courbe en berceau ;
C'est pour toi que le soleil dore
Le riant penchant du côteau.
Lorsque, dans la plaine tremblante,
Le torrent écume et mugit,
Ton oreille écoute le bruit
De sa chute retentissante.

Sur ces monts qui touchent la nue,
A travers des gouffres sans fonds,
Tu gravis sans crainte, et ta vue
Perce leurs abîmes profonds.
Ton corps paisiblement sommeille
Sur la pointe des rocs déserts,
Et de l'aigle, au milieu des airs,
Le cri sauvage te réveille...

Quelquefois, pensive et rêveuse,
Des bois tu cherches l'épaisseur,
Et de l'ombre silencieuse
Tu vas savourer la douceur.
La lune, amante du mystère,
Eclaire seule tes douleurs,
Et tes yeux humides de pleurs
Fixent sa clarté solitaire.

Mes yeux s'ouvraient à peine encore,
J'étais comme un faible arbrisseau ;
Tu m'accueillis à mon aurore ;
De fleurs tu paras mon berceau.
Tu vins, riante enchanteresse,
Sourire à mes premiers momens,
Et tes magiques talismans
Causèrent ma première ivresse.

Des fleurs ornaient ta chevelure.
Un sceptre de fleurs dans la main,
Ta beauté formait ta parure ;
Ton front était noble et serein ;
Ta taille était celle des Grâces...
Ta bouche, avec un doux souris,
Me dit : « Viens, suis-moi, j'obéis, »
Et je m'élançai sur tes traces.

Combien de fois, dans la prairie,
Avec toi dirigeant mes pas,
D'une touchante rêverie
Mon ame goûta les appas ;
C'est toi qui, du sein d'une lyre
M'enseignant à tirer des sons,
Naguère à mes jeunes chansons
As daigné quelquefois sourire.

Accepte donc mon tendre hommage,
Riante mère des amours !
Tu m'inspiras dans mon jeune âge ;
Eh bien ! inspire-moi toujours.
Tu m'accueillis à mon aurore ;
De fleurs tu paras mon berceau.
Ah ! que ta main, sur mon tombeau
Répande quelques fleurs encore.

BENJAMIN LAROCHE.

HIER ET AUJOURD'HUI.

Air : *Vaudeville du Jaloux malade.*

Hier je comptais à ma table
Quelques parens , beaucoup d'amis ,.
Et grâce à mon titre honorable ,
Chez tous les grands j'étais admis.
J'avais une assez forte somme ,
Une place, un superbe habit ;
J'étais un parfait honnête homme ,
Et surtout un homme d'esprit. (*bis.*)

Aujourd'hui, Duval, dans sa rage ,
Dénonce mon opinion ,
Et , sans m'écouter, on m'engage
A donner ma démission.
Privé de mes droits , de ma place,
On me donne plus d'un défaut ;
Je suis un vaurien que l'on chasse ,
Et je ne fus jamais qu'un sot. (*bis.*)

DOIGT.

LE CHAMP D'ASYLE.

Air *de Bélisaire.*

Un chef de bannis courageux,
Implorant un lointain asile,
A des sauvages ombrageux
Disait : « L'Europe nous exile.
» Heureux enfans de ces forêts ,
» De nos maux apprenez l'histoire.
» Sauvages , nous sommes Français.
» Prenez pitié de notre gloire.

» Elle épouvante encor les rois ,
» Et nous bannit des humbles chaumes
» D'où, sortis pour venger nos droits,
» Nous avons dompté vingt royaumes.
» Nous courrions conquérir la paix
» Qui fuyait devant la victoire.
» Sauvages, nous sommes Français.
» Prenez pitié de notre gloire.

» Dans l'Inde, Albion a tremblé,
» Quand de nos soldats intrépides
» Les cris d'allégresse ont troublé
» Les vieux échos des pyramides.
» Les siècles pour tant de hauts faits
» N'auront point assez de mémoire.
» Sauvages, nous sommes Français.
» Prenez pitié de notre gloire.

» Un chef enfin sort de nos rangs;
» Il dit : « je suis le Dieu du monde. »
» On voit soudain les Rois errans
» Conjurer sa foudre qui gronde ;
» De loin saluant son palais,
» A ce dieu seul ils semblaient croire.
» Sauvages, nous sommes Français.
» Prenez pitié de notre gloire.

» Mais il tombe, et nous, vieux soldats,
» Qui suivions un compagnon d'armes,
» Nous voguons jusqu'en vos climats,
» Pleurant la patrie et ses charmes.
» Qu'elle se relève à jamais
» Du grand naufrage de la Loire !
» Sauvages, nous sommes Français.
» Prenez pitié de notre gloire.

Il se tait. Un sauvage alors
Répond : « Dieu calme les orages.
» Guerriers, partagez nos trésors,
» Ces champs, ces fleurs et ces ombrages.
» Gravons sur l'arbre de la paix
» Ces mots d'un fils de la victoire :
» Sauvages, nous sommes Français.
» Prenez pitié de notre gloire.

Le champ d'asile est consacré,
Elevez-vous, cité nouvelle ;
Soyez-nous un port assuré
Contre la fortune infidèle.
Peut-être aussi des plus hauts faits,
Nos fils vous racontant l'histoire,
Vous diront : « Nous sommes Français.
» Prenez pitié de notre gloire. »

P. J. DE BÉRANGER.

LES DEUX *ULTRA*.

Air : *Fille, avant le mariage.*

DUTREMBLAY.

Adieu, la pièce nouvelle
Au Vaudeville m'attend.

DELAFLÈCHE.

Ce n'est qu'une bagatelle,
Notre parti le prétend. *(bis.)*
Sachez qu'en scène on offense
Un gentilhomme...

DUTREMBLAY.

En ce cas,
Au spectacle, par prudence,
Aujourd'hui je n'irai pas.
Je vois bien *(bis.)*
Que le sujet ne vaut rien. *(bis.)*

DELAFLÈCHE.

Sans vous flatter, ce langage
Annonce un homme d'esprit.
Verriez-vous un tel ouvrage,
Sans colère et sans dépit? *(bis.)*

L'auteur vante avec emphâse,
De nos soldats les hauts faits;
Enfin , mon cher, chaque phrase
Est une insulte aux Anglais.

DUTREMBLAY.

Je vois bien (*bis.*)
Que la pièce ne vaut rien. (*bis.*)

DELAFLÈCHE.

Des libéraux la férule
S'appesantit sur nos doigts ;
On jète le ridicule
Jusque sur nos vieux exploits. (*bis.*)
De maintes caricatures
Nous fournissons le sujet ,
Et chacun rit des figures
Que sans noblesse on nous fait.

DUTREMBLAY.

Je vois bien (*bis.*)
Que la pièce ne vaut rien. (*bis.*)

DOIGT.

LES ÉPOUX EXILÉS.

ROMANCE.

Proscrit sur de lointaines plages
Fuyait un guerrier malheureux.
Provence, tes heureux rivages
Ont reçu ses derniers adieux.
Ah ! dit la belle et jeune Hortense
Que l'hymen enchaîne à ses jours ,
Doux rivage de la Provence,
« Faut-il te quitter pour toujours ? »

Déjà le souffle du zéphyre
Ridant la surface des flots
Enfle la voile du navire
Qui doit transporter le héros.
Chacun dit , pleurant sur la France,
O le plus charmant des séjours ,
Doux rivage de la Provence,
« Faut-il te quitter pour toujours ? »

Mais déjà leur nef fugitive
Sur les flots vole comme un trait.
Leurs yeux sont fixés sur la rive
Qui fuit, décroît et disparaît.
Ah! dit le fils de la victoire,
Donne à tes pleurs un libre cours.
Doux rivage de la Provence ,
« Faut-il te quitter pour toujours ? »

Le preux dit, songeant à sa gloire,
Et baissant son front abattu ,
France, dans tes jours de victoire,
Douze ans pour toi j'ai combattu,
Douze ans , bercé par l'espérance ,
Pour toi j'ai rêvé d'heureux jours.
Doux rivage de la Provence,
« Faut-il te quitter pour toujours ? »

Mais son épouse désolée
S'écrie, en essuyant ses pleurs :
» Je ne verrai plus la vallée
» Où j'errais au milieu des fleurs.
» Toi, qui vis croître mon enfance
» Et naître nos premiers amours,
» Doux rivage de la Provence,
» Faut-il te quitter pour toujours ? »

Guerrier, si la gloire s'envole,
Ton Hortense te reste encor ;
Que l'amour tous deux vous console
Des Dieux, des hommes et du sort.
Tournez les yeux vers cette France,
Vers ce berceau de vos amours...
Doux rivage de la Provence,
Tu n'es point perdu pour toujours.

BENJAMIN LAROCHE.

LE RETOUR DANS LA PATRIE.

Air : *Suzon sortant de son village.*

Qu'il va doucement le navire
A qui j'ai confié mon sort !
Au rivage où mon cœur aspire
Qu'il est lent à trouver un port !
 France adorée !
 Douce contrée !
Mes yeux cent fois ont cru te découvrir !
 Qu'un vent rapide
 Soudain nous guide
Aux bords sacrés où je reviens mourir !

Mais enfin le matelot crie :
« Terre ! terre ! là-bas ; voyez ! »
Ah ! tous mes maux sont oubliés !
Salut à ma patrie ! (*ter.*)

Oui, voilà les rives de France ;
Oui, voilà le port vaste et sûr ,
Voisin des champs où mon enfance
S'écoula sous un chaume obscur.
   France adorée !
   Douce contrée !
Après vingt ans enfin je te revois.
   De mon village
   Je vois la plage ;
Je vois fumer la cîme de nos toîts.
   Combien mon ame est attendrie !
   Là furent mes premiers amours ,
   Là ma mère m'attend toujours.
   Salut à ma patrie ! (*ter.*) .

Loin de mon berceau , jeune encore ,
L'inconstance emporta mes pas
Jusqu'au sein des mers , où l'aurore
Sourit aux plus riches climats.
   France adorée !
   Douce contrée !
Dieu te dèvait leurs fécondes chaleurs.
   Toute l'année,

Là , brille ornée
De fleurs , de fruits ; et de fruits et de fleurs.
Mais là , ma jeunesse flétrie ,
Rêvait à des climats plus chers ;
Là , je regrettais nos hivers.
Salut à ma patrie !   (*ter.*)

J'ai pu me faire une famille ,
Et des trésors m'étaient promis.
Sous un ciel où le sang pétille
A mes vœux l'amour fut soumis.
France adorée !
Douce contrée !
Que de plaisirs quittés pour te revoir !
Mais , sans jeunesse ,
Mais , sans richesse ,
Si d'être aimé je dois perdre l'espoir ,
De mes amours , dans la prairie ,
Les souvenirs seront présens :
C'est du soleil pour mes vieux ans.
Salut à ma patrie ! (*ter.*)

Poussé chez des peuples sauvages
Qui m'offraient de régner sur eux ,
J'ai su défendre leurs rivages
Contre des ennemis nombreux.

France adorée !
Douce contrée !
Tes champs alors gémissaient envahis.
Puissance et gloire,
Cris de victoire,
Rien n'étouffa la voix de mon pays.
De tout quitter mon cœur me prie ;
Je reviens pauvre, mais content.
Une bêche est là qui m'attend.
Salut à ma patrie ! (*ter.*)

Aux bruits des transports d'allégresse,
Enfin le navire entre au port.
Dans cette barque où l'on se presse
Hâtons-nous d'atteindre le bord.
France adorée !
Douce contrée !
Puissent tes fils te revoir ainsi tous !
Enfin j'arrive,
Et, sur la rive
Je rends au ciel, je rends grâce à genoux.
Je t'embrasse, ô terre chérie !
Dieu ! qu'un exilé doit souffrir,
Moi, désormais, je puis mourir.
Salut à ma patrie ! (*ter.*)

P. J. DE BÉRANGER.

~~~~~~

LE JUSTE MILIEU.

Air : *Vaud. du Jaloux malade.*

Entre la gloire et son amie
Un Français partage ses jours ;
En guerre , il est à sa patrie ;
En paix , il est à ses amours.
Ces mots : à toutes deux fidèle ,
Sur sa bannière sont écrits ;
S'il ne peut vivre pour sa belle
Il sait mourir pour son pays. (*bis.*)

DOIGT.
~~~~~~

LE
RETOUR DU PROSCRIT.

Air: *Bon voyage, cher Dumolet.*

Noble France !
Je vais te revoir.
Pays d'amour , de gloire et de vaillance ;
Noble France !
Je vais te revoir ,
Et mon bonheur a passé mon espoir !
Ainsi chantait , dans son touchant délire ,
Un vieux proscrit vers nos bords ramené.
Avec orgueil soulevant son navire ,
La mer répond à ce chant fortuné :
Noble France , etc.

Terre sacrée où sommeillent mes pères ,
Bientôt j'irai te confier mes pleurs ,
Et les échos des rives étrangères
Ne diront plus le cri de mes douleurs.
Noble France , etc.

France, un doux bruit a frappé mes oreilles...
Dans les remparts, l'auguste liberté
Sème, dit-on, ses fécondes merveilles...
A ce récit, mon cœur a palpité!....
       Noble France, etc.

Dans ces doux champs, sur des rives si chères
La liberté vient fixer son séjour;
Depuis trente ans, mes vœux et mes prières
Sur ma patrie appelaient ce grand jour......
       Noble France, etc.

On dit qu'au haut des tours de Valenciennes,
L'enseigne anglaise a cessé de flotter,
Et que l'Europe a retiré les chaînes
Qu'un jour fatal nous força de porter.
       Noble France, etc.

On dit qu'armé d'une force nouvelle
Le peuple Franc a ressaisi ses droits,
Et pour jamais terminé la querelle
Qui divisa les peuples et les rois.
       Noble France, etc.

O liberté! je vais dans ton empire!...
Mes yeux qu'attend un spectacle nouveau

Ne verront plus l'étranger me sourire
En prononçant le nom de Waterloo.
Noble France, etc.

De tes malheurs me racontant l'histoire,
France, un Anglais, se disant mon vainqueur,
Ne viendra plus du récit de sa gloire
Charmer sa haine et contrister mon cœur.
Noble France, etc.

France ! ton front battu par les orages,
Ton front cent fois foudroyé par les dieux,
Riant s'élève, et du sein des nuages,
Aux yeux du monde apparaît radieux.
Noble France, etc.

A mon navire ouvre tes ports fidèles,
France !... reçois l'un de tes exilés,
Vents d Occident !... portez-moi sur vos aîles
Aux bords heureux par mes vœux appelés.
Noble France, etc.

Il dit : déjà, dans les plaines profondes,
L'astre du jour a plongé son char d'or ;
La sombre nuit s'étendait sur les ondes
Et du proscrit la voix chantait encor :

Noble France ,
Je vais te revoir,
Pays d'amour, de gloire et de vaillance ,
Noble France !
Je vais te revoir ,
Et mon bonheur a passé mon espoir.

BENJAMIN LAROCHE.

LES DEUX EXTRÊMES.

AIR : *Vers le Temple de l'Hymen.*

ou : *Une Femme est un oiseau.*

LE MARI.

Grâce à mon mérite, enfin
De la franc-maçonnerie
Dès demain je fais partie,
Sans trembler sur mon destin.
Quel bonheur digne d'envie!
Je vais chanter ma patrie,
Faire briller mon génie

Et secourir mon prochain.
Mais d'où vient, ma chère amie,
La profonde rêverie
Qui vous accable soudain ? (*bis.*)

LA FEMME.

D'une pareille action
Ne vous rendez pas coupable ;
Ou, d'honneur, je suis capable
De déserter la maison.
Non, ce n'est pas une fable,
Ces frères, avec le diable,
Sont, par un pacte exécrable,
En communication.
Abjurez un vœu damnable,
Ou du sauveur adorable
N'espérez pas de pardon (*bis.*)

Cette secte que maudit
Notre vénéré saint-père,
Grâce à son zèle, j'espère,
Bientôt sera sans crédit.
Sur un abus téméraire,
Sur un singulier mystère,
Que blâme l'Eglise entière,

Il est tems qu'on soit instruit,
Et qu'à nos yeux chaque frère
Fasse briller la lumière
Qui déjà tremble et pâlit (*bis.*)

LE MARI.

En dépit de vos leçons,
Dussé-je perdre mon ame,
Demain je serai, madame,
Du nombre des francs-maçons.
Cet honneur que je réclame,
Au mépris de qui le blâme,
Et me séduit et m'enflâme,
Je vous le dis tout de bon.
Croyez-moi, changez de gamme,
Car plus vous parlez, ma femme,
Moins je vous donne raison (*bis.*)

DOIGT.

LE VIN ET MA MIE.

AIR : *L'autre jour sous son ombrage.*

Ma mie, ô vous que j'adore,
Et qui vous plaignez toujours
Que ma bouteille ait encore
Trop de part à mes amours,
Si votre philosophie
Proscrit ce funeste jus,
 Encore un coup, ma mie,
 Et puis n'en parlons plus. (*bis.*)

Bannir le jus de la treille !
T'abandonner pour toujours ;
O ma charmante bouteille,
O bouteille, mes amours !
Avant que ma bouche impie
Ose renier Bacchus,
 Encore un coup, ma mie,
 Et puis n'en parlons plus (*bis.*)

Ah ! comment , France chérie ,
Ne plus boire à ton bonheur !
Y songez-vous bien , ma mie ,
Je suis Français et buveur ,
S'il faut boire à ma patrie ,
A ses ennemis vaincus ,
    Encore un coup , ma mie ,
    Et puis n'en parlons plus *(bis.)*

Mais de ces jours de victoire
L'honneur est trop acheté ;
La liberté vaut la gloire ;
Buvons à la liberté.
Le flambeau de son génie
A fait pâlir les abus !
    Encore un coup , ma mie,
    Et puis n'en parlons plus. *(bis.)*

O France ! un parti coupable
Veut te courber sous ses lois ,
Avant de quitter la table ,
Je veux encore une fois
Boire à la Charte affermie ,
Boire aux *Ultras* confondus!...
    Encore un coup , ma mie ,
    Et puis n'en parlons plus *(bis.)*

Mon embarras est extrême
Entre l'amour et le vin ;
L'amour est le bien suprême ;
Mais le vin est un grand bien.
Puisque je dois, pour la vie,
Quitter ce céleste jus,
  Encore un coup, ma mie,
  Et puis n'en parlons plus (*bis.*)

Mais, quelle flamme nouvelle
Vient allumer mes esprits ?....
Je sens mon corps qui chancelle
Sur ses tremblottans appuis.
Reste, bouteille chérie!
Hommage et gloire à Bacchus !...
  Vous, taisez-vous, ma mie,
  Et ne m'en parlez plus.

Benjamin Laroche.

A LA MÉLODIE.

Air à faire.

Art divin , douce mélodie ,
Porte le trouble dans mes sens ;
Frappe mon oreille ravie
De tes mélodieux accens.

Fais que mon ame s'attendrisse
Au charme heureux de tes accords ,
Toi, par qui l'époux d'Euridice
Pénétra jusqu'aux sombres bords.

Offre à mes yeux , s'il est possible ,
Un agréable enchantement ,
Et plonge mon cœur insensible
Dans le plus doux ravissement.

DOIGT.

LE JEUNE GUERRIER.

ROMANCE.

Air à faire.

« Dans les combats aller chercher la gloire !
» Pour être aimé vivez dans la mémoire !
» Allez, volez et revenez vainqueur ! » . . .
C'est en ces mots que la belle Aspasie,
Du jeune Oswald encourageant l'ardeur,
Armait son bras pour venger la patrie.
Jeune guerrier, jusqu'à ton dernier jour,
Reste fidèle à la gloire, à l'amour.

Sur son coursier Oswald soudain s'élance.
Ivre d'amour, de gloire et d'espérance,
Il a tiré son glaive meurtrier.
« Je te le jure, ô charmante Aspasie !
» Dans les combats, je veux, dit le guerrier,
» Vivre et mourir digne de mon amie. »
Jeune guerrier, jusqu'à ton dernier jour,
Reste fidèle à la gloire, à l'amour.

Au champ d'honneur il porte sa vaillance ;
Il est l'orgueil et l'appui de la France ;
Des ennemis son glaive est la terreur ;
L'amour élève et soutient son courage,
Et dans le sein d'un combat plein d'horreur,
Sa voix répète au milieu du carnage :
« Jeune guerrier, jusqu'à ton dernier jour,
» Reste fidèle à la gloire, à l'amour. »

Mais, tout-à-coup, une atteinte ennemie
Vient terminer ses exploits et sa vie ;
La mort l'enlève au printems de ses jours.
Déjà son sang inonde son armure,
Et le guerrier, fidèle à ses amours,
Répète encore avec un long murmure :
« Jeune guerrier, jusqu'à mon dernier jour,
« Je meurs fidèle à la gloire, à l'amour. »

De son amie ô qui dira les larmes !...
D'un bras cruel elle meurtrit ses charmes....
Le ciel enfin termine ses tourmens ;
Il la rejoint au guerrier qu'elle adore ;
La même tombe enferma ces amans,
Et sur la pierre on y lisait encore :
« Jeune guerrier, jusqu'à son dernier jour,
» Il fut fidèle à la gloire, à l'amour. »

Benjamin Laroche.

L'HOMME

A PRÉTENTIONS.

Air *des cinq sens.*

Ma voix est sonore et flexible ;
Je la conduis comme je veux ;
Je rendrais un rocher sensible
Par mes accens mélodieux.
Quand je chante, je ravis l'ame,
On se presse pour m'écouter.
Si je veux le cœur d'une femme,
Près d'elle je n'ai qu'à chanter.

Si je soupire la Romance,
D'honneur, on me trouve excellent,
On applaudit cet air d'aisance
Qui n'appartient qu'au vrai talent.
Sans me vanter, toutes les belles
Viennent se ranger sous mes loix.
Je ne trouve plus de cruelles,
Quand je fais entendre ma voix (*bis.*)

DOIGT.

BRENNUS,

ou

LA VIGNE PLANTÉE DANS LES GAULES.

Air nouveau de M. B. Wilhem ,
ou Air de *Pierre-le-Grand.*

Brennus disait aux bons Gaulois :
« Célébrez un triomphe insigne.
» Les champs de Rome ont payé mes exploits ,
» Et j'en rapporte un cep de vigne.
» Grâce à la vigne, unissous pour toujours
» L'honneur, les arts, la gloire et les amours.

» Privés de son jus tout puissant ,
» Nous avons vaincu pour en boire.
» Sur nos côteaux, que le pampre naissant
» Serve à couronner la victoire.
» Grâce à la vigne, unissons pour toujours
» L'honneur, les arts, la gloire et les amours.

» Un jour , par ce raisin vermeil
» Des peuples vous serez l'envie.
» Dans son nectar pleins , des feux du soleil,
» Tous les arts puiseront la vie.
» Grâce à la vigne , unissons pour toujours
» L'honneur, les arts , la gloire et les amours.

» Quittant nos bords favorisés ,
» Mille vaisseaux iront sur l'onde ,
» Chargés de vin, et de fleurs pavoisés ,
» Porter la joie autour du monde.
» Grâce à la vigne unissons pour toujours
» L'honneur , les arts , la gloire et les amours.

» Femmes, nos maîtres absolus,
» Vous qui préparez nos armures,
» Que sa liqueur soit un baume de plus
» Versé par vous sur nos blessures.
» Grâce à la vigne, unissons pour toujours
» L'honneur, les arts , la gloire et les amours.

» Soyons unis, et nos voisins
» Apprendront qu'en des jours d'alarmes
» Le faible appui que l'on donne aux raisins
» Peut vaincre à défaut d'autres armes.
» Grâce à la vigne, unissons pour toujours
» L'honneur, les arts, la gloire et les amours.

» Bacchus, d'embellir ses destins
» Un peuple hospitalier te prie.
» Fais qu'un proscrit , assis à nos festins,
» Oublie un moment sa patrie.
» Grâce à la vigne unissons pour toujours
» L'honneur, les arts, la gloire et les amours.»

Brennus alors bénit les cieux ,
Creuse la terre avec sa lance ,
Plante la vigne, et les Gaulois joyeux
Dans l'avenir ont vu la France!...
   Grâce à la vigne, unissons pour toujours
L'honneur, les arts, la gloire et les amours.

P. J. DE BÉRANGER.

DEUX MOTS

AUX ARTISTES SOCIÉTAIRES

DE LA COMEDIE FRANÇAISE.

Air : *J'ai vu partout dans mes voyages.*

Une troupe de comédie ,
Que composent quelques talens ,
Ressemble à la branche fleurie
Qui promet des fruits excellens ;
Mais si chacun , froid comme marbre ,
Dit mal ce qu'il croit dire bien ,
C'est un vent qui secouera l'arbre ;
La fleur tombe , il ne produit rien.

Veut-on briller , qu'un premier rôle
En scène gesticule peu ;
Qu'un premier comique soit drôle
Et qu'un amoureux ait du feu.
Qu'un financier soit à sa place ,
Qu'une duègne ride son front ,
Qu'une soubrette ait de la grace ,
Qu'un père noble ait de l'aplomb.

L'artiste qui chérit l'étude ,
De jour en jour devient meilleur ,
Et perd tout-à-fait l'habitu de
De parler après le souffleur.
Dans l'art favori qu'il exerce ,
Par l'intrigue est-il combattu ?
Bientôt le vrai mérite perce
Et l'amour-propre est abattu.

DOIGT.

LE DÉLIRE BACHIQUE.

Air : *Peuple Français, la politique.*

Amis, c'est le dieu de la treille
Qui donne la félicité,
    Et qui réveille
      La gaîté.

Dignes enfans de l'harmonie,
Vous, poètes audacieux,
Qui, sur les aîles du génie,
Volez interroger les cieux ;
Sur la terre descendez boire ;
Venez, et le verre à la main,
De Bacchus célébrez la gloire ;
Chantez, répétez ce refrain :

Amis, c'est, etc.

Vous dont le front peint la tristesse,
Et dont l'esprit, toujours rêveur,
Ne fait que chercher la sagesse,
Venez l'apprendre d'un buveur.

J'ai fort peu de philosophie,
Mais mon principe est tout divin :
A boire il faut passer sa vie
Et mourir le verre à la main.
Amis, c'est, etc.

Vous, favoris de la fortune,
Esclaves de l'ambition,
Vous qui courez Mars et Neptune,
Afin de vous créer un nom,
Fuyez, fuyez, laissez-moi boire,
Laissez-moi boire à verre plein ;
Je suis au faîte de la gloire
Lorsque j'ai le verre à la main.
Amis, c'est, etc.

Fuyez aussi, troupe légère,
Vous, de l'amour vils courtisans,
Esclaves du dieu de Cythère,
Cœurs énervés, faibles amans.
La joie où votre espoir se fonde
N'est qu'un fantôme triste et vain ;
Je suis le plus heureux du monde
Lorsque j'ai le verre à la main.
Amis, c'est, etc.

Chacun ici bas se tourmente
Pour attraper le vrai bonheur ;
La volupté douce, attrayante,
N'est que dans l'ame du buveur.
Le vin est la beauté que j'aime ;
Pour moi, nul plaisir sans le vin ;
Et ma félicité suprême,
Est d'avoir le verre à la main.
Amis , etc.

Je n'encense pas la fortune ;
Les biens me sont indifférens ;
Jamais , d'une plainte importune
Ma voix ne fatigua les grands.
Bacchus fait toute ma richesse ,
Et , savourant son jus divin ,
Plongé dans une douce ivresse,
Je m'endors le verre à la main.
Amis , c'est, etc.

Apollon rarement m'inspire.
Un autre dieu dicte mes chants,
Et quand , par hasard , de ma lyre
Je veux tirer quelques accens ,

Pour ne pas fatiguer ma tête ,
Je goûte du jus de raisin ,
Et je suis seulement poète
Lorsque j'ai le verre à la main.
Amis, c'est, etc.

Plus d'un censeur, je m'imagine ,
S'apprête à blâmer ma chanson ,
Et va , de ma lyre badine
Critiquer jusqu'au moindre son.
Mais , plein de mon transport bachique,
Ils me déchireront en vain ,
Et je me ris de la critique
Lorsque j'ai le verre à la main.
Amis , c'est le dieu de la treille
Qui donne la félicité
   Et qui réveille
      La gaîté.

—Benjamin Laroche.

LE
RETOUR DES FRANÇAIS.

Air : *Comme on fait son lit on se couche.*

UN GARDE NATIONAL.

Enfin, les voici de retour,
Les vrais défenseurs de la France ;
Honorons en cet heureux jour
Et le courage et la vaillance.
Avec eux buvons à longs-traits
Au bonheur de notre patrie,
Et que l'union désormais
Autour du trône nous rallie (*bis*).

UN VIEUX SOLDAT.

L'aspect d'un heureux avenir
Ajoute à notre jouissance ;
N'ayons plus qu'un même desir ;
Vivons en bonne intelligence,

Soyons, en guerre comme en paix ,
Enfans d'une même patrie ,
Et que, sous les drapeaux français ,
Le même serment nous rallie (*bis.*)

UN JEUNE HOMME TOMBÉ AU SORT.

Pour servir , choisi par le sort ,
Je marche et parviendrai, je gage ;
Car, si je ne suis pas très-fort,
En revanche , j'ai du courage.
Fier de m'unir aux vieux soldats
Dont s'énorgueillit la patrie ,
Je ferai voir, dans les combats ,
Que la même ardeur nous rallie (*bis.*)

UN JEUNE TAMBOUR.

A dix ans , moi, j'étais tambour ;
A douze , je me fis connaître ;
A treize , je pris un pandour ;
A quinze , j'étais tambour-maître.
Jeune , je me repose , mais ,
S'il faut défendre la patrie ,
Ma caisse et moi nous sommes prêts ;
Le même zèle nous rallie. (*bis.*)

DOIGT.

DIEU PROTÉGE LA FRANCE !

CHANSON.

Air : *Suzon sortait de son village.*

O ma patrie, ô notre France,
Séjour par l'amour habité ,
Bords heureux, terre de vaillance ;
De gloire et d'immortalité.
De ta fortune
Qui l'importune ,
Qu'un insensé proclame le déclin ;
Que, dans sa rage,
Sur ton rivage ,
Il ose encore appeller le Germain.
Pour punir la folle arrogance
De tous nos ennemis hautains,
Moi, je me confie aux destins ;
Dieu protége la France !

Un jour de la patrie en larmes ;
Le bras divin se retira ;
Charles sept vit briser ses armes
Et l'Anglais dans Paris entra.
Dans sa clémence,
Dieu sur la France,
Du haut des cieux, abaissa ses regards ;
Jeune pucelle,
Vaillante et belle,
Au champ d'honneur guida nos étendards.
L'Anglais, à l'aspect de sa lance,
S'enfuit devant nos bataillons,
S'écriant, plein d'effroi : « Partons !...
» Dieu protége la France ! »

Son courage affranchit nos rives ;
Mais, victime des coups du sort,
Des fers chargent ses mains captives
Et l'Anglais a juré sa mort.
Le bûcher fume,
Le feu s'allume...
Jeune guerrière, à tes derniers instans,
Ta voix sonore
Criait encore,
Parmi la flamme et les feux dévorans :

» Anglais quelle est votre démence ?
» Ma mort comble votre desir ;
» Mais la France ne peut mourir ?...
     » Dieu protége la France.

Quand de la liberté sacrée
Nous arborâmes le drapeau ,
Soudain l'Europe conjurée
Vint pour creuser notre tombeau.
          La France entière
          Et libre et fière
A sa défense appella ses enfans ;
          Dans la Champagne ,
          Une campagne
Vint terrasser l'orgueil de nos tyrans.
Pour foudroyer leur insolence ,
Le Français , lançant le trépas ,
Criait au milieu des combats :
     » Dieu protége la France ! »

On a vu nos aigles rapides ,
Dans leur victorieux essor ,
Voler du haut des Pyramides
Jusque sous les glaces du Nord.
          Gloire et puissance
          Brillaient en France ;

Le monde entier se taisait devant nous ;
Peuples, royaumes,
Légers fantômes,
Disparaissaient, renaissaient sous nos coups.
On vit alors de la vaillance
L'ange planer du haut des airs ;
Sa voix criait à l'univers :
Dieu protége la France.

Quand les vieux enfans de la gloire,
Fatigués de leurs longs travaux,
Vinrent, sur les bords de la Loire,
Poser le glaive des héros ;
Quand la souffrance
Et la vengeance
De Mont-St-Jean poursuivaient les débris ;
En preux féconde,
La France au monde
Avec orgueil montrait encor ses fils.
En vain l'Anglais, dans sa balance,
De la France pesait le sort,
Une voix nous criait encor :
» Dieu protége la France ! »

O France !... du dieu des armées
Enfin le courroux est fléchi,
Et, de nos villes alarmées,
Les drapeaux étrangers ont fui,

Dans la poussière,
Ta tête altière
Devant l'Anglais se courba trop long-tems.
Reprends ton glaive,
France, relève
Ton front blanchi dans la poudre des camps :
Et, contre ton indépendance,
Lorsque le monde s'armera,
Que ta voix lui crie : halte-là !
» Dieu protége la France ! »

Avec le joug de notre gloire
Les peuples ont reçu notre or ;
Frappés au coin de la victoire,
France, tes francs règnent encor.
A tous les âges
Ces nobles gages
Front porter ton vivant souvenir ;
Fleuris sans crainte,
Et leur empreinte
De tes exploits instruira l'avenir.
Signes d'une antique opulence,
Les francs parcourant l'univers,
Font dire à cent peuples divers :
» Dieu protége la France! »

BENJAMIN LAROCHE.

L'ANGLAIS CONGÉDIÉ.

RÉPONSE DU RIVAL.

Air : *Partant pour la Syrie.*

L'ANGLAIS.

Modèle de constance,
J'espérais du retour,
Et votre indifférence
Augmente chaque jour.

LA DEMOISELLE.

Mon choix, ne vous déplaise,
Est fixé pour jamais,
Faut à bonne Française,
Mari qui soit Français. (*ter.*)

Réponse du Français à l'habitant de la Tamise, qui lui demande s'il voulait boxer.

Air : *Jeunes beautés au regard tendre.*

Jamais une telle manie
Ne fut en usage chez nous;
Se déchirer avec furie
N'est une gloire que pour vous.
Dans une pareille équipée,
Pour sa figure un Français craint;
Nous faisons voir un coup d'épée,
Mais nous cachons un coup de poing.

Doigt.

LE TROUBADOUR

DES BORDS DE LA DURANCE.

ROMANCE.

Air à faire.

Aux bords de la Durance
Un troubadour charmant
Promenait sa souffrance
Et chantait son tourment.
Pour la fière Isabelle
Il brûlait nuit et jour ;
Mais hélas ! la cruelle
Méprisait son amour.

Adieu, rive chérie,
Adieu, riant séjour.
Sans l'amour de ma mie
Que m'importe le jour ?

Adieu, vallon champêtre,
Echo, tendre zéphyr,
Lieux qui m'avez vu naître
Ah! voyez moi mourir.

Luth brillant que j'implore,
Aujourd'hui, sous mes doigts,
Viens résonner encore
Pour la dernière fois.
Et quand ma voix mourante
Va s'éteindre à jamais,
Que ta corde tremblante
Dise encor mes regrets.

Il m'en souvient encore,
Je n'avais que quinze ans,
Et ta corde sonore
Accompagnait mes chants;
A tes accords fidèles
S'unissant chaque jour,
Ma voix chantait les belles
Et la gloire et l'amour.

Transports, brûlante ivresse,
Vous m'étiez inconnus.
Jours purs, jours d'allégresse
Qu'êtes-vous devenus?

A l'aspect d'Isabelle
Tout changea dans mon cœur,
Et l'amour, sur son aile,
Emporta mon bonheur.

Toi, qui causas mes peines
Et mon premier soupir,
De tes coupables chaînes
Mon cœur va s'affranchir ;
Que l'onde enfin dévore
Ce cœur trop enflammé.
Que sert d'aimer encore
Quand on n'est point aimé.

Rochers, bruyant rivage,
Si la cruelle, un jour,
Visite cette plage,
Contez-lui mon amour ;
Apprenez à son âme
Que ses trompeurs appas
Ont allumé ma flamme
Et causé mon trépas.

Le troubadour peu sage,
En achevant ces mots,
Du haut d'un roc sauvage
S'avançait vers les flots ;

Bientôt, dans l'onde amère
Il noyait son ennui...
Lorsqu'une main bien chère
Le retient malgré lui.

Il se tourne ... c'est elle...
Il jette un cri perçant.
Quoi ! c'est vous, Isabelle,
Dit-il en frémissant.
Oui !.. c'est moi, lui dit-elle ;
Avec un doux souris ;
De ton ardeur fidèle
Je veux être le prix.

L'hermite, en sa chapelle,
Les recevant tous deux,
D'une union si belle
Bénit les chastes nœuds.
Vous de qui la constance
N'a pu se rebuter,
Aux bords de la Durance
Allez par fois chanter.

BENJAMIN LAROCHE.

LE VRAI PHILOSOPHE.

Air : *Comme j'aime mon Hippolyte.*

Revêtu d'un mauvais habit
Que chaque jour je raccommode,
Les sots ne me font pas crédit,
Ma présence les incommode.
Mon hôte se dit bon humain ;
En tout point on le croit traitable ;
Et si je n'ai l'argent en main ,
Je ne dîne pas à sa table. (*bis.*)

J'avais des amis autrefois ;
Les ingrats aujourd'hui me craignent,
Et quand, par hasard, je les vois,
Pour me consoler, ils me plaignent.
Ceux qui, dans ma prospérité,
Reçurent l'argent qu'ils me nient,
Pour prix de trop de loyauté ,
Avec fureur me calomnient. (*bis.*)

Par malheur, je prends du tabac ;
Mais mon nez plus dur qu'on ne pense,
Fait , ainsi que mon estomac
Momentanément pénitence.
De la treille j'aime le jus ,
Bien que je n'en puisse plus boire ;
Mais toujours fidèle à Bacchus ,
Dans mes vers je chante sa gloire.

Je n'obtiendrai pas , je le vois ,
La place qu'à bon droit je brigue ;
Le rang, les honneurs , les emplois,
N'appartiennent plus qu'à l'intrigue.
Mes œuvres n'ont pas de débit ,
En vain l'imprimeur les affiche.
En voici la cause : l'esprit
N'est que dans la tête du riche. (*bis.*)

Je suis Français , je fus soldat ;
Du tems j'ai bravé les injures ,
Et si je n'ai rien de l'Etat ,
Je suis riche de mes blessures.
Certain de sortir tôt ou tard
De cette pénible occurrence ,
Je prends pour guide le hasard ,
Et pour nourrice l'espérance. (*bis.*)

DOIGT.

LE VILAIN.

Air *de Ninon chez Mad. de Sévigné.*

Et quoi ! j'apprends que l'on critique
Le *de* qui précède mon nom.
—Etes-vous de noblesse antique ?
—Moi, noble? oh ! vraiment, Messieurs, non.
Non , d'aucune chevalerie
Je n'ai le brevet sur vélin ;
Je ne sais qu'aimer ma patrie ; *(bis)*
Je suis vilain, et très-vilain,
Je suis vilain, vilain, vilain. *(ter.)*

Ah ! sans un *de* j'aurais du naître,
Car , dans mon sang, si j'ai bien lu,
Jadis mes ayeux ont d'un maître,
Maudit le pouvoir absolu.
Ce pouvoir, sur sa vieille bâse
Etant la meule du moulin ,
Ils étaient le grain qu'elle écrâse. *(bis.)*
Je suis vilain , et très-vilain ;
Je suis vilain , vilain , vilain. *(ter.)*

Mes ayeux jamais, dans leurs terres,
N'ont vexé des serfs indigens ;
Jamais leurs nobles cimeterres
Dans les bois n'ont fait peur aux gens ;
Aucun d'eux, las de la campagne,
Ne fut transformé par Merlin ,
En Chambellan de Charlemagne. (*bis*)
Je suis vilain., et. très-vilain ,
Je suis vilain, vilain., vilain. (*ter.*)

Jamais aux discordes civiles
Mes braves ayeux n'ont pris part ;
De l'Anglais, aucun , dans nos villes,
N'introduisit le Léopard.
Et, quand l'église , par sa brigue ,
Poussait l'Etat vers son déclin ,
Aucun d'eux n'a signé la ligue. (*bis.*)
Je suis vilain , et très-vilain,
Je suis vilain, vilain, vilain. (*ter.*)

Laissez-moi donc sous ma bannière ,
Vous , Messieurs, qui, le nez au vent,
Nobles par votre boutonnière ,
Encensez tout soleil levant.

J'honore une race commune ;
Car , sensible , quoique malin ,
Je n'ai flatté que l'infortune. (*bis.*)
Je suis vilain , et très-vilain ,
Je suis vilain , vilain , vilain. (*ter.*)

P. J DE BÉRANGER.

LES FRÈRES MARTYRS(*).

Air: *Ce magistrat irréprochable.*

Muses, que vos voix immortelles
Chantent César et Constantin,
Célébrez deux amis fidèles
Qu'unit un semblable destin.
Ce couple, cher à la victoire,
N'eut qu'un cercueil et qu'un berceau...
Compagnons de mort et de gloire,
Dormez dans le même tombeau.

César, Constantin, noms sublimes !
Vivez tous deux dans l'avenir.
Pourquoi séparer dans nos rimes
Ceux que Dieu voulut réunir ?
On osa flétrir leur mémoire :
De l'erreur levons le bandeau...
Compagnons de mort et de gloire,
Dormez dans le même tombeau.

(*) César et Constantin Faucher, nés le même jour,
promus, le même jour, au grade de général, sur le champ
de bataille, échappés, le même jour, à l'échafaud, sous
la terreur de 93, et morts, le même jour, victimes de la
terreur de 1815.

Un jour, le glaive d'un perfide,
César, allait percer ton sein.....
Ton frère accourt... l'arme homicide
Vient frapper l'heureux Constantin.
Quelle fut douce la victoire
Qui fut teinte d'un sang si beau !
Compagnons de mort et de gloire,
Dormez dans le même tombeau.

Pour vous deux, durant nos tempêtes,
Le même échafaud s'exhaussa,
Et pour abattre vos deux têtes
La même hache se dressa.
Mais les deux fils de la victoire
Sans pâlir ont vu l'échafaud !
Compagnons de mort et de gloire,
Dormez dans le même tombeau.

Un monstre que la France abhorre (1),
Tombe, et sa mort vous a sauvés;
Mais vous deviez revoir encore
Nos champs de carnage abreuvés.

____

(1) Robespierre.

Des tyrans gardez la mémoire !
Puissiez-vous tromper leur couteau !
Compagnons de mort et de gloire ,
Dormez dans le même tombeau.

Mais il luit ce jour exécrable ,
Ce jour d'horrible souvenir ,
Où, d'une mort trop véritable
L'asile doit vous réunir.
Un parti , fier de sa victoire ,
A déployé le noir drapeau...
Compagnons de mort et de gloire ,
Dormez dans le même tombeau.

Les délateurs forgent les crimes
Déjà les sbires ont paru.
Du sort glorieuses victimes ,
Tombez... tombez... Dieu l'a voulu....
Sur ces tems d'affreuse mémoire
Tirons un éternel rideau...
Compagnons de mort et de gloire ,
Dormez dans le même tombeau.

Florissante, leur vie encore
Promettait un long avenir.
Le même jour la vit éclore ;
Le même jour la vit finir ;
Mais leur mort vaut une victoire.
Quel sort pouvait être plus beau ?
Compagnons de mort et de gloire ;
Dormez dans le même tombeau.

BENJAMIN LAROCHE.

AMOUR ET PATRIE.

Air *d'Eugénie*.

Toujours brûlant d'amour,
Un brave, avec ivresse,
Disait à sa maîtresse :
« Me voici de retour.
» Quand il fallut, ma chère,
» De toi prendre congé,
» J'étais franc et sincère ;
» Je n'ai jamais changé.

» Dix ans, avec honneur,
» J'ai servi ma patrie ;
» Quand elle fut trahie,
» J'étais son défenseur.
» Si par des gens sans gloire
» Mon nom fut outragé,
» Il brille dans l'histoire ;
» Je n'ai jamais changé. »

DOIGT.

L'AMITIÉ

N'EST PAS DE L'AMOUR.

ROMANCE.

Air : *La pitié n'est pas de l'amour.*

Quel nouveau trouble me dévore !
Comment pouvoir vous l'exprimer ?
Je sens que mon cœur vous adore ,
Et je ne dois que vous aimer...
Votre image trop séduisante
Me poursuit la nuit et le jour.
Mais ne soyez pas mécontente.
L'amitié n'est pas de l'amour.

Quelquefois , dans l'erreur d'un songe,
Je crois vous presser sur mon cœur ,
Et , grâce à cet heureux mensonge ,
Je goûte un instant de bonheur.

Ce bonheur que la nuit enfante
S'évanouit avec le jour.
Mais ne soyez pas mécontente,
L'amitié n'est pas de l'amour.

Un jour, ma bouche trop émue
Sur votre bouche s'égara.
Oh ciel ! quelle flamme inconnue
Au même instant me dévora !....
A ce baiser qui me tourmente
Je rêve encore nuit et jour.
Mais ne soyez pas mécontente!
L'amitié n'est pas de l'amour.

En vous voyant, ne vous déplaise ;
Souvent je me suis dit tout bas :
« Que ne puis-je, tout à mon aise,
» Caresser de si doux appas?
» Ces yeux... cette taille charmante...
» Ce sein de neige fait au tour...
Mais ne soyez pas mécontente,
L'amitié n'est pas de l'amour.

Ah ! loin du fracas de la ville,
Que ne puis-je, seul avec vous,
Dans le fond d'un vallon tranquille,.
Passer ma vie à vos genoux ?
Je vous dirais : « femme charmante,
» Aimons la nuit, aimons le jour.
Mais ne soyez pas mécontente...
L'amitié n'est pas de l'amour.

BENJAMIN LAROCHE.

TOUT A LA FRANCE,

A MA BELLE, A L'HONNEUR.

CHANT HÉROÏQUE.

Air noté.

Fier de porter un gage de tendresse
Que par ses soins il avait mérité ,
Un Chevalier , jadis , à sa maîtresse ,
En la quittant , jurait fidélité.
Si le dieu Mars le guidait à la guerre ,
Dans ses foyers s'il revenait vainqueur ,
C'est qu'on lisait sur sa noble bannière ;
Tout à la France, à ma belle, à l'honneur. *(bis)*

Ainsi qu'au tems de la chevalerie ,
Ne voit-on pas le jeune et beau guerrier ,
Ivre d'amour , fidèle à sa patrie ,
Unir le myrthe au superbe laurier.

Du preux Bayard imitant la vaillance ,
Et comme lui , sans reproche et sans peur ,
Sans les compter dans les rangs il s'élance
Au noble cri de patrie et d'honneur. (*bis.*)

Si , presque sûr de saisir la victoire ,
Le sort jaloux le trompe à chaque pas ,
Fier d'être inscrit au temple de mémoire ,
Un Français meurt , mais il ne se rend pas.
Hors de combat , sans crainte et sans alarmes,
Le brave attend la fin de sa douleur ,
Puis il succombe étendu sur ses armes
Pour son pays, pour sa dame et l'honneur. (*bis*)

DOIGT.

TU M'AIMAIS TANT !

ROMANCE.

Tu m'aimais tant , quand tes yeux pleins de charmes
A mes regards peignaient tendre desir ;
Quand du plaisir tu répandais les larmes,
Tu m'aimais tant !.... Pourquoi donc me haïr !

Tu m'aimais tant, lorsque ta voix touchante
Par ses doux sons me faisait tressaillir ;
Ta voix encor me ravit et m'enchante.
Tu m'aimais tant !.... pourquoi donc me haïr !

Tu m'aimais tant , quand ta bouche de rose
Disait : pour toi je veux vivre et mourir.
Ciel !... aujourd'hui , quelle métamorphose !
Tu m'aimais tant !... pourquoi donc me haïr !

Tu m'aimais tant, quand ton riant sourire
Dans tous mes sens allumait le plaisir.
Je t'aime encor, j'ose encor te le dire...
Tu m'aimais tant !... pourquoi donc me haïr !

BENJAMIN LAROCHE.

AU VIN DE LA COMÈTE.

Air : *Mon Galoubet.*

O puissant vin ! (*bis.*)
Tel est ton pouvoir sur mon âme,
Qu'oubliant peines et chagrin,
Je fais la paix avec ma femme,
Dès qu'en moi circule ta flamme,
   O puissant vin ! (*ter.*)

O puissant vin ! (*bis.*)
Quand je te bois, à l'espérance
Mon cœur s'abandonne soudain,
Et je vois reparaître en France
Les ris, les plaisirs, l'abondance,
   O puissant vin ! (*ter.*)

O puissant vin ! (*bis.*)
Toi qui ranimes le courage
Du guerrier touchant à sa fin

Confirme le plus doux présage !...]
De la comète sois l'ouvrage,
O puissant vin ! (*ter.*)

DOIGT.

~~~~~~

LA

RONDE DES PEUPLES.

Air : *Quand on est mort, c'est pour long-tems.*

Peuples du monde, embrassez-vous,
Au bruyant carillon du verre,
Et dans les flots d'un jus si doux,
De la guerre
Eteignez le courroux.

Peuples du monde,
Vos différens
Ont trop long-tems,
Troublé la terre et l'onde.
~~~~~~

Vierge féconde,
La paix sourit,
Et Mars qui gronde
A son aspect s'enfuit.
Plus de soucis;
Plus d'ennemis;
Peuples amis,
La France vous appelle;
Serrez sa main,
Buvez son vin,
Puis, avec elle
Répétez ce refrain :
Peuples du monde, etc.

« Plus d'esclavage ! »
Ce noble cri
A retenti
De rivage en rivage.
Pleurez de rage,
Tyrans jaloux,
D'un long servage,
Peuples, réveillez-vous...
Calmez vos cœurs,
Séchez vos pleurs;
Des prescripteurs
Que la troupe assassine

Tremble d'effroi !
Devant la loi
Que tout s'incline
Et répète avec moi :
Peuples du monde, etc.

De maux trop graves
Encor souffrans ,
De vos tyrans
Ne soyez plus esclaves.
Peuples de braves
Vous n'irez pas
A leurs entraves
Offrir encor vos bras.
Vous n'irez pas
Dans les combats,
A leurs débats
Immoler votre vie ,
Pour qu'en retour
De tant d'amour
De la patrie
Le joug s'aggrave un jour.
Peuples du monde , etc.

Fils de Bellonne,
Veut-on , morbleu ,
Que j'aille au feu ?
Qu'on m'apporte une tonne.
Rien ne m'étonne ;
De cent bouchons
Le bruit détonne...
Camarades, marchons...
Vite , nommons
Cent biberons
Bien frais, bien ronds ,
Pour desservir nos foudres,
Et déterrons
Ces vieux flacons
Couverts de poudres
Pour emplir nos canons.
Peuples du monde , etc.

Fière Allemagne ,
Anglais , Romain ,
Le verre en main
Entrons vîte en campagne.
Accours, Espagne ,
Sous mes drapeaux...
A moi , Champagne ,
Et Pomard et Bordeaux...

Clairons, sonnez !
Peuples, sablez !
Doublez, triplez !
Que d'ivrognes par terre !...
Gloire à Bacchus !
Vainqueurs, vaincus,
Au bruit du verre
Chantons tous en chorus :
Peuples du monde, embrassez-vous,
Au bruyant carillon du verre,
Et dans les flots d'un jus si doux,
De la guerre
Eteignez le courroux.

BENJAMIN LAROCHE.

LA
HARANGUE MILITAIRE.

Air *du Vaudeville de Turenne.*

Ah ! quel plaisir digne d'envie
De commander à des Français,
De qui la devise chérie
Est : ne capitulons jamais (*bis.*)

La France , enfin libre d'entraves ,
Soûs un Roi pacificateur ,
Conserve son rang , son honneur,
Et compte trois cent mille braves. (*bis.*)

Jaloux de notre indépendance ,
Conservons un titre flatteur ,
Et que le salut de la France
Repose sur nôtre valeur. (*bis.*)
Si la trompette de la gloire
Sonne pour tous les vieux guerriers ;
Amis , par de nouvéaux lauriers ,
Immortalisons la victoire. (*bis.*)

Soyons toujours la vieille armée
Qui se signala tant de fois ;
Comme jadis, la renommée
Publiera partout nos exploits (*bis*).
Oui , soyons des diables à quatre ;
Mais , pour cause , ne parlons plus
De ceux que nous avons battus ;
Parlons de ceux qu'il faudra battre.(*bis.*)

Doigt.

LE DÉPART.

Air : *Vaudeville des maris ont tort.*

Aux combats la gloire m'appelle !...
Je vais lui consacrer mes jours.
Il faut qu'un soldat soit fidèle
A la gloire ainsi qu'aux amours.
Toujours, ô ma charmante amie,
Je veux te conserver ma foi :
Et, sous le ciel de l'Italie,
Mon cœur restera près de toi. *(bis.)*

Parmi le trouble et l'épouvante
Qu'enfante l'horreur des combats ;
Toujours ton image charmante
Suivra mon esprit et mes pas.
Quand Mars, armé de son tonnerre,
En tous lieux répandra l'effroi,
Du champ terrible de la guerre,
Mes yeux se porteront vers toi. *(bis.)*

Et si la terre me dévore,
Si dans les camps je dois mourir,
Que l'infortuné qui t'adore
Revive dans ton souvenir.
Qu'au moins la pitié te désarme,
Si tu n'éprouvas rien pour moi !...
Sur mon tombeau verse une larme,
C'est tout ce que j'attends de toi. (*bis.*)

Propice à ma tendresse extrême,
Oh ! si la clémence des Dieux
Dans les bras de celle que j'aime
Me ramenait victorieux !
De quelle ardeur, charmante amie,
En te renouvelant ma foi,
J'irais te consacrer ma vie,
Pour ne plus m'éloigner de toi. (*bis.*)

B. LAROCHE.

REVIENS.

ROMANCE.

Air à choisir.

Reviens , ma toute belle ;
Obéis à ma voix ;
Songe qu'elle t'appelle
Pour la dernière fois.
De ton indifférence
Plus je ne me souviens ,
Comble mon espérance ;
 Reviens !

Reviens , toi qui , sans cesse ,
Fais palpiter mon cœur ,
Si ma vive tendresse
Suffit à ton bonheur.
Aimer est ma science ;
Attends , si je t'obtiens ,
Des preuves de constance.
 Reviens !

Reviens, et de ta vie
J'embellirai le cours ;
Sur nos pas la folie
Voltigera toujours.
Un peu de confiance ;
Mes desirs sont les tiens ;
Je meurs d'impatience :
Reviens !

Doigny.

VIVE A JAMAIS LA FRANCE!

Air : *Comme faisaient nos pères.*

Français, qu'au son du tambourin
Ta gaîté se réveille ;
Vois l'aurore vermeille
Qui te promet un jour serein.
Vois les ravages ,
Vois les orages
Fuir tes rivages
Sur l'aile des nuages ;
Les dieux sur la France ont jeté
Des yeux d'amour et de bonté ;
Que la beauté ,
La douce liberté
Consolent ta vaillance ?
Vive à jamais la France !
Vive à jamais (*bis.*) la France !

Du destin entends-tu la voix
Qui proclame d'avance
Les enfans de la France
Vainqueurs des peuples et des rois !
Jours de victoire !...
Lisant l'histoire,
A tant de gloire
Nos fils ne pourront croire.
Trois fois le monde en a pâli,
Et, trois fois, du nord au midi,
A retenti
Ce cri, ce noble cri
De gloire et d'espérance :
« Vive à jamais la France !...
» Vive à jamais (*bis.*) la France ! »

Dans ces jours d'alarme et de deuil
Où l'Europe implacable,
Sous ton joug redoutable,
Français, fit ployer ton orgueil ;
Quand la patrie,
A l'agonie,
Deux fois trahie,
Vit l'Anglais en furie,
Fier d'avoir vaincu par son or,
Contre nous irriter le sort,

Avec effort
Ma voix criait encor :
« Vive l'indépendance !
« Vive à jamais la France !
Vive à jamais (*bis.*) la France.

Enfin nos champs nous sont rendus ;
Nos douleurs sont finies.
Phalanges ennemies ,
Partez , mais n'y revenez plus !
France adorée !
Douce contrée !
Vierge éplorée ,
La liberté sacrée
Vient , sur ton rivage chéri ,
Dans tes bras chercher un abri.
Ouvres-les lui !
La tyrannie a fui !...
Un jour nouveau commence !...
Vive à jamais la France !
Vive à jamais (*bis.*) la France !

France ! lève un front désarmé ,
Un regard moins terrible ;
Que ton sceptre paisible
Commande à l'univers charmé !

De l'esclavage,
Sur chaque plage,
Vois le courage
Sapper l'échafaudage !
Ah ! vois tous les peuples divers
Tenir sur toi les yeux ouverts,
Et l'univers
Dire, en brisant ses fers,
Dans sa reconnaissance :
« Vive à jamais la France !
Vive à jamais (*bis.*) la France !

BENJAMIN LAROCHE.

LE

CARACTÈRE FRANÇAIS.

Air : *du Coup du milieu.*

Ne jamais craindre pour sa vie,
Dans le malheur toujours content ;
Chanter la gloire et son amie,
A toutes deux être constant ;
Aimer à rire, aimer à boire,
Ne compter que sur des succès ;
Généreux après la victoire,
C'est le caractère français.

DOIGT.

L'AMOUR ET LA LIBERTÉ.

Air : *Suzon sortait de son village.*

O ! combien il est doux l'empire
De l'amour et de la beauté !...
Mais qui pourra jamais décrire
Les charmes de la liberté !...
    Liberté sainte !
    Reviens sans crainte ;
Viens dans nos champs de nouveau refleurir !
    Volupté pure
    De la nature ,
L'homme sans vous n'a point de vrai plaisir.
    Dans cette terrestre patrie
    Où la main d'un dieu l'a jeté ;
    C'est l'amour et la liberté
    Qui font aimer la vie. (*ter.*)

Trop long-tems , le Français volage
Vit fuir l'amour qu'il outragea ,
Et , sous le joug de l'esclavage ,
Trop long-tems son front se courba.
 Sur le rivage
 D'un peuple sage
La liberté fixe enfin son séjour ,
 Et , dans la France ,
 Froide inconstance
Ne viendra plus déshonorer l'amour.
Chassons l'antique tyrannie
Et l'antique frivolité ;
C'est l'amour et la liberté
 Qui font aimer la vie. (*ter.*)

France , redoutant ton génie ,
L'univers pâlit devant toi ,
Et des rois la phalange impie
S'arrêta , muette d'effroi.
 France chérie ,
 O ma patrie !
Au champ d'honneur j'ai guidé tes enfans.
 Vis dans l'histoire ,
 Et , de ta gloire
Les souvenirs charmeront mes vieux ans.

Mais si la France est asservie,
Qu'importe l'immortalité?
Mes amis, c'est la liberté
    Qui fait aimer la vie.

Toi dont j'adore le sourire,
Toi dont l'amour sut m'embrâser,
Viens sur mon cœur, viens, que j'aspire
Ta douce haleine et ton baiser.
        Devant l'idole
        Du Capitole,
Non, mon genou jamais ne fléchira.
        Tyrans, esclaves,
        De vos entraves
Mon cœur est libre ; il est tout à Zulma.
    Le cœur qui hait la tyrannie
    Est plus digne de la beauté ;
    C'est l'amour et la liberté
        Qui font aimer la vie.

Français ! que ton front se relève.
Vois-tu l'Amour qui te sourit ?
Je vois déjà tomber ton glaive ;
Ton cœur superbe s'attendrit.

Beauté craintive,
Simple et naïve
Doit te trouver sensible à ses attraits.
Courbe près d'elle
Ce front rebelle,
Que les tyrans ne courberont jamais.
Puis dis, en pressant de ta mie
Le cœur doucement agité :
« C'est l'amour et la liberté
» Qui font aimer la vie ! »

BENJAMIN LAROCHE.

LES PETITS CÉSARS,

ou

LE JEUNE ET LE VIEUX MARQUIS,

POT-POURRI HÉROÏQUE.

(La scène est au Café Militaire.)

LE JEUNE.

Air *de la Fanfare de St-Cloud.*

L'ambition vous dévore ,
Me dit mon vieux commandant.
Pourtant , je ne suis encore
Que simple Sous-Lieutenant.
De quinze mois de service
Mon cher , est-ce là le prix ?
D'une pareille injustice ,
Quoi ! vous n'êtes pas surpris ?

LE VIEUX.

Air *du Lendemain.*

Que diriez-vous, cher confrère,
Si vous aviez, comme moi,
Fait pendant un mois la guerre,
Sans rien obtenir du Roi?

LE JEUNE.

J'irais, avec assurance,
Au Monarque promptement
Demander pour récompense
Un régiment.

LE VIEUX.

Air : *Ce mouchoir, belle Raymonde.*

J'ai signalé mon courage,
En plus d'une occasion.

LE JEUNE.

Vous avez des droits, je gage,
A la décoration ?

LE VIEUX.

Sans doute, mon cher, car dans
une certaine escarmouche...

D'une balle meurtrière
Mon chapeau fut traversé,

Et d'un coup de vent, à terre,
Je fus presque renversé.

LE JEUNE.

Air : *Dans les Gardes françaises.*

Ce sang-froid vous honore
Aux yeux des vrais guerriers.
Je crois vous voir encore
Moissonner des lauriers.

LE VIEUX.

Si toujours, à la guerre,
Je fus brave et prudent,
Marquis , soyez sincère ;
Vous en fîtes autant.

Air : *Eh, ma mére est-ce que j'sais ça.*

LE JEUNE.

A l'amour de la patrie
Ainsi que vous j'ai des droits,
Pour elle exposant ma vie,
J'ai triomphé....

LE VIEUX.

Je le crois.

LE JEUNE.

Par l'effet de la mitraille,
J'ai vu; sans le moindre effroi,
Tomber, dans une bataille,
Un homme à dix pas de moi.

Air *du Premier pas.*

LE VIEUX, *avec joie.*

Embrassons-nous !
Unis par la victoire,
Sachons tous deux du sort braver les coups,
De nos hauts-faits vîte écrivons l'histoire,
En ce moment, ah! pour nous quelle gloire !

TOUS DEUX.

Embrassons-nous. (*bis.*)

DOROT.

MA SEULE JOUISSANCE.

ROMANCE

DÉDIÉE A CÉLESTINE.

Air : *Ses yeux disaient tout le contraire.*

Ne vivre que pour t'adorer,
Faire des vers à ta louange,
A la rose te comparer,
De fleurs t'offrir un doux mélange ;
Pour devise prendre ces mots :
« Amour, fidélité, constance, »
L'emporter sur tous mes rivaux,
Voilà ma seule jouissance. (*bis.*)

Toute la nuit rêver à toi,
T'aimer chaque jour davantage,
Te voir éprouver doux émoi,
Que secrètement je partage ;

Me rendre digne de ton choix
Par mes soins , par ma prévenance ,
Obéir à tes douces lois ,
Voilà ma seule jouissance. (*bis.*)

Te répéter le doux serment
De te chérir toute la vie ,
Te faire un joli compliment
Toujours exempt de flatterie ;
Te parler du moment heureux
Qui doit charmer notre existence ,
Lire mon bonheur dans tes yeux ,
Voilà ma seule jouissance. (*bis.*)

DOIGT.

~~~~~~~~~~~~~~~~~~~~~~~~~~~~~~~~~~~

LES SOUVENIRS

DE 1815.

Air : *Mes petits enfans , ne pleurez pas.*

Ah ! viens, ma Zulma, viens sur mon cœur ,
  Et , comme mon bonheur ,
  Partage ma souffrance !
  Fuyez pour toujours
    Tendres amours !....
     O France !
Qu'as-tu fait , dis-moi , de tes beaux jours !

  Mes yeux ont vu la victoire
  Suivre le char ennemi ,
  Et de six lustres de gloire
  L'honneur en un jour terni.
  Mes yeux , de larmes humides
  Ont vu descendre au tombeau
  Les guerriers des Pyramides ;
  Les guerriers de Marengo.
Ah ! viens , ma Zulma , etc.
~~~~~~~~~~~~~~~~~~~~~~~~~~~~~~~~~~~

J'ai vu prodiguer l'outrage
Aux vainqueurs de l'univers;
J'ai vu l'Anglais, dans sa rage,
Insulter à nos revers.
Fuyant la joie importune,
J'ai dit : il aura son tour;
« Tout change, et de la fortune
» Le vent peut changer un jour..... »
Ah! viens, ma Zulma, etc.

Aux promesses j'ai pu croire,
Et mon cœur s'était flatté
Que nous n'échangions la gloire
Que contre la liberté;
Après la chute d'un maître,
De ces ruines j'ai cru
Voir la liberté renaître :
Mil huit cent quinze a paru.....
Ah ! viens, ma Zulma, etc.

J'ai vu se r'ouvrir l'abîme
De nos troubles intestins ;
J'ai vu la haine et le crime
Présider à nos destins ;
J'ai vu du sang de nos braves
Le sol français s'abreuver,
Et, pour sceller nos entraves,
Les échafauds s'élever !....

Les pères de la patrie
Ne pourront mourir en paix ;
Deux fois la vengeance impie
Les a proscrits à jamais !
Je vous vis aussi proscrire,
Preux sans reproche et sans peur,
Vaillans soutiens de l'Empire,
Vieux débris du champ d'honneur !
Ah ! viens, ma Zulma, etc.

Mais Dieu finit nos alarmes,
Et les nuages errans
Emportent avec nos larmes
Les fureurs de nos tyrans.
La France, long-tems captive,
Relève un front radieux ;
La liberté fugitive
Revient habiter ces lieux.

Ah ! viens, ma Zulma, viens sur mon cœur,
Renaissons au bonheur
Ainsi qu'à l'espérance !
Reprenons le cours
De nos amours !
En France,
De nouveau, vont luire d'heureux jours !

BENJAMIN-LAROCHE.

LA MORT DE MON FILS.

Air de Bélisaire.

Atteint par le plomb meurtrier
A peine au printems de son âge,
Mon fils conserva d'un guerrrier
Et le sang-froid et le courage.
Il dit, à son dernier moment,
Ces mots gravés dans ma mémoire :
Ne me plains pas, je meurs content
Puisque nous avons la victoire.

Doier.

MES CONSEILS

AUX FRANÇAIS.

Air : *Tant que l'on vivra, larirette.*

En France il faut que tout chante !
Français , le joyeux flonflon
Rend la folie amusante
Et déride la raison.
    Ah ! c'est pour cela ,
        Larirette ,
    Que Dieu nous créa ,
        Larira.
    Veut-on aux éclats
    Rire en un repas ?
        Pour cela ,
        Vîte , la
        Chansonnette.
    Ah ! c'est pour cela ,
        Larirette ,
    Que Dieu nous créa ,
        Larira.

On ne peut chanter sans boire ;
Boire est de nécessité ;
De Bacchus chantons la gloire ,
Le vin donne la gaîté.
Quand jeune beauté ,
Larirette ,
Chez toi se rendra ,
Larira ,
Tu lui verseras
Ce jus plein d'appas ,
Dans tes bras
Griseras
La grisette.
Vin !... c'est pour cela ,
Larirette ,
Que Dieu te créa ,
Larira.

Si la belle peu docile
Te disait ingénuement :
« Monsieur , laissez-moi tranquille !...
« Ah ! que va dire maman. »
Verse encore un coup, larirette ,
Pour la mettre au pas ,
Larira.

Puis entre deux draps
Tu la placeras,
  Puis, tout bas,
  Lui diras :
  « Ma brunette,
» Va, c'est pour cela,
  » Larirette,
» Que Dieu nous créa,
  » Larira. »

Français, que Dieu te délivre
De nos modernes Nérons ; (1)
La liberté nous fait vivre :
C'est l'air que nous respirons.
Va, la liberté, larirette,
  Te consolera,
  Larira;
  Tu préfèreras
La Charte aux combats ;
  Défends-la,
  Et voilà
  Ta conquête ;
Car c'est pour cela,
  Larirette,

_____

(1) Les Ultrà.

Que Dieu te créa,
Larira.

Que Dieu te délivre encore
De ces Marquis impromptus
Dont l'œil féodal dévore
Nos tendrons et nos écus.
Leur règne d'un jour, larirette,
Demain finira,
Larira.
Messieurs des Débats,
Vous êtes bien bas,
Et l'*Ultrà*
Bat déjà
En retraite ;
Car c'est pour cela,
Larirette,
Que Dieu le créa,
Larira.

Français, si jamais la France
Réclamait un défenseur,
Arme-toi pour sa défense ;
Va mourir au champ d'honneur,

Car c'est pour cela,
Larirette,
Que Dieu te créa,
Larira.
Dès qu'il te verra,
L'Anglais pâlira,
Tremblera,
Et fuira
Sans trompette;
Car c'est pour cela,
Larirette,
Que Dieu te créa,
Larira.

Français, si tu veux m'en croire,
Cultive pour ta santé
Le vin, les chansons, la gloire,
L'amour et la liberté;
Car c'est pour cela,
Larirette,
Que Dieu te créa,
Larira.
Libre tu vivras,
Brilleras, boiras,

Chanteras,
Fêteras,
La fillette ;
Car c'est pour cela,
Larirette,
Que Dieu nous créa,
Larira.

BENJAMIN LAROCHE.

LA FORCE

N'EST PLUS DE SAISON.

Air : *Le vin charme tous les esprits.*

La force n'est plus de saison !
    Plus de guerre
    Sur terre !
Pour mettre un peuple à la raison ,
Faut-il employer le canon ?
    Non.

    Ces jeux sanglans ,
    Trop long-tems ,
De morts et de mourans
Ont jonché notre terre.
    Peuple français ,
    Pour jamais
Abjure les forfaits ,
Les fureurs de la guerre.
La force n'est plus de saison , etc.

Des conquérans
Insolens
Sur nos corps expirans
Marchaient à la victoire.
Pour eux versant
Tout son sang,
Le monde gémissant,
A pleuré de leur gloire.

La force n'est plus de saison, etc.

Mais, du trépas
Quand le bras
Ouvrira sous leurs pas
La terre ensanglantée,
La joie au front,
Tous en rond,
Les peuples danseront
Sur leur tombe insultée.

La force n'est plus de saison, etc.

Dans nos chansons,
Nous avons
De nos fiers bataillons

Assez chanté la gloire !
Peuple exalté
Trop flatté,
Un jour de liberté
Vaut mille ans dans l'histoire.
La force n'est plus de saison, etc.

Loin du fracas
Des combats,
La liberté, d'un pas,
A parcouru le monde !
Brisant ses fers,
L'univers
Voit fleurir les déserts
Sous sa palme féconde !
La force n'est plus de saison. etc.

Belle Haïti,
Jète un cri !...
Le destin t'a souri ;
Ton front n'est plus esclave !...
Fils des déserts,
Dans les mers
Précipitez les fers
D'un peuple fier et brave.
La force n'est plus de saison, etc.

Américain ,
Le destin
Contre toi s'arme eu vain !
Lève-toi ! Dieu l'ordonne !
Fils du soleil ,
Ton sommeil
Doit cesser... du réveil
Entends l'heure qui sonne....
La force n'est plus de saison !
Plus de guerre
Sur terre !
Pour mettre un peuple à la raison ,
Faut-il employer le canon ?
Non.

BENJAMIN LAROCHE.

L'ULTRA DÉSAPPOINTÉ.

Air : *Faut d' la vertu, pas trop n'en faut.*

Mes chers amis, qu'en dites-vous?
Le bon tems est fini pour nous ?

Du Roi la conduite imprudente
Est telle, que depuis un an,
A pleine voix partout on chante
Les rebelles du Mont-Saint-Jean !

Mes chers amis, etc.

Quel sort l'avenir nous réserve !
Quoi! dans maint projet discuté,
Un rédacteur de la Minerve
Des voix a la majorité !

Mes chers amis, etc.

Si notre parti se rébelle
Contre des abus dévoilés,
Le Roi secrètement appelle
A son secours des exilés.

Mes chers amis, etc.

Quand de nos destins ! ces grands hommes
Malgré nous sont chargés, ma foi,
On peut bien dire que nous sommes
Plus royalistes que le Roi.

Mes chers amis, etc.

Qui propose une loi prudente,
Du peuple se fait l'ennemi ;
Témoin la défaite récente
Du célèbre Barthélemi.

Mes chers amis, etc.

Le noble *Drapeau blanc* s'expose
En parlant de nos vieux exploits ;
Il ressemble à la fleur mi-close
Qui s'épanouit sous les doigts.

Mes chers amis, etc.

On blâme des missionnaires
Et les sermons et les écrits ;
Qui sait même si ces bons pères
Bientôt ne seront pas proscrits.

Mes chers amis, etc.

DOIGT.

MON RÊVE,[1]

ou

LE MONDE COMME JE LE VOUDRAIS.

Air: *Ce magistrat irréprochable.*

Chacun ici-bas fait son rêve ;
Dans son lit rêve l'indigence,
Aux grandeurs un songe l'élève ;
L'avare songe à son argent.
Mon ame, abandonnant la terre ,
S'envole en de plus doux climats !....
Si mon rêve est une chimère ,
Mes amis , ne m'éveillez pas.

Puisque , pour le bonheur du monde ,
Tout mortel doit faire des vœux ,
Tout, sur notre machine ronde ,
Dans mon rêve ira pour le mieux.

15

On verra du double hémisphère
S'enfuir le démon des combats....
Si mon rêve est une chimère,
Mes amis, ne m'éveillez pas.

Je rêverai qu'un champ d'asile
S'ouvre à nos proscrits valeureux ;
Et, par leurs mains rendu fertile,
Leur offre un repos glorieux.
Reposez-vous, troupe guerrière
Qu'épargna le fer des combats !...
Si mon rêve est une chimère,
Mes amis, ne m'éveillez pas.

Je rêverai que le génie
N'est plus tristement éconduit,
Et qu'enfin de l'académie
En grondant l'intrigue s'enfuit.
Pour admettre un nouveau confrère
Les déjeûners n'ont plus d'appas...
Si mon rêve est une chimère,
Mes amis, ne m'éveillez pas.

Je rêverai que nos ministres
S'efforcent de nous rendre heureux,
Et que certains astres sinistres
Ont cessé de luire à nos yeux.

Marcellus finit par se taire ;
On n'entend plus parler d'ultras..
Si mon rêve est une chimère,
Mes amis, ne m'éveillez pas.

Je rêverai qu'en politique
Tout Français est de bonne foi ;
Que l'ami de la république
Court embrasser celui du Roi.
Au bruit des chansons et du verre
Nous terminons tous nos débats.
Si mon rêve est une chimère,
Mes amis, ne m'éveillez pas.

Je rêverai que de ma belle
Le cœur à la fin s'attendrit ;
Je vois son regard qui m'appelle
Et sa bouche qui me sourit.
Zulma cesse d'être sévère ;
Le bonheur m'attend dans ses bras...
Si mon rêve est une chimère,
Mes amis, ne m'éveillez pas.

Nos Crésus trouvent des cruelles
Nos Turcarets sont bienfaisans,
Toutes nos femmes sont fidèles,
Tous nos journaux sont amusans.

Le Suisse part pour sa frontière ,
Le proscrit pleure dans nos bras...
Si mon rêve est une chimère,
Mais amis, ne m'éveillez pas.

BENJAMIN LAROCHE.

LES

HOMMES MONARCHIQUES.

Air : *Bannissons* (bis) *la mélancolie.*

Que je ris (*bis.*)
De ces politiques
Qui, de biens jaloux,
Se disent tous
Vrais monarchiques.
Je me dis : (*bis.*)
« Dieux ! qu'ils sont comiques !
» Tous ces petits rois
» Qui veulent nous donner des lois. »

Voyez ce noble que l'âge
A fait courber sous son poids,
Parler du droit de jambage
Et vanter ses vieux exploits :
Son assurance fait croire
Qu'il est fils de la Valeur ;
Mais on sait que sa gloire
Ressemble à sa vigueur.

Que je ris. (*bis.*)

Se fiant à son épée
Qui jamais ne fit de mal ,
De lui la foule occupée
Le croit un grand général.
Mais en secret on s'informe
Du Don Quichotte nouveau ,
Et son vieil uniforme
Ne couvre qu'un zéro...

      Que je ris. (*bis*.)

Au retour d'un long voyage ,
Deschamps , seigneur suzerain
Arrive dans son village ,
Ses vieux titres à la main.
Allons, dit-il , qu'on me rende
Mes biens, et , pour mon honneur,
Que sous mes yeux on pende
Le coupable acquéreur.

      Que je ris. (*bis*.)

Célèbre dans la Vendée
Par quelques minces succès ,
Tel autre conçoit l'idée
De publier ses hauts-faits.

Grâce à sa muse légère,
L'ouvrage est en vente, mais
Le malheureux libraire
Ne couvre pas ses frais.

> Que je ris. (*bis.*)

« Obéis, ou je t'assomme, »
Disait un jeune marquis
A certain rustre que l'homme
Prétendait avoir conquis.
Mais, loin de perdre la carte,
Celui-ci répond soudain :
« Si j'ons ben lu la Charte
» Je n' somm's plus un vilain. »

> Que je ris. (*bis.*)

Desormeaux, pour sa jactance,
Parmi les *Ultrà* cité,
Plein d'une douce espérance,
Déjà se croit député.
De ma commune qui m'aime,
« J'ai, dit-il, fixé le choix. »
Mais, ô douleur extrême !
Il n'obtient qu'une voix.

> Que je ris (*bis.*)

« Honneur aux missionnaires ! »
Disait Dorimont un jour.
Que ces respectables pères
Ont de droits à notre amour !
Animés d'un noble zèle,
On sait qu'en prêchant pour vous,
Ils font ce qu'on appelle
D'une pierre deux coups.
  Que je ris. (*bis.*)

      Doigt.

~~~~~~~~~~~~~~~~~~~~~~~~~~~~~~~~~~~~~~~

TABLE.

___

P. J. DE BÉRANGER.

BENJAMIN LAROCHE.
~~~~~~~~~~~~~~~~~~~~~~~~~~~~~~~~~~~~~~~

DOIGT.

FIN DE LA TABLE.

ERRATA.

Page 16, ligne 2, au lieu de ceinglant, *lisez*, sanglant.

Page 29, ligne 4, au lieu de vola, *lisez*, volait.

Page 38, ligne 12, au lieu de a mon cœur, *lisez* as mon cœur.

Page 86, ligne 4, au lieu de aller cherober, *lisez* allez chercher.

Page 90, ligne 5, au lieu de pleins des feux du soleil, *lisez* plein des feux du soleil.

Page 139, ligne 18, au lieu de ton joug, *lisez*, de son joug.

Page 124, au lieu de air noté, *lisez*, Je suis Français et je fus militaire.

De l'Imprimerie de HOCQUET, Faubourg Montmartre.

www.ingramcontent.com/pod-product-compliance
Ingram Content Group UK Ltd.
Pitfield, Milton Keynes, MK11 3LW, UK
UKHW022021170726
13837UKWH00001B/313